...TOIRE

...ENNE

...AUX ENFANTS

...FLEURY.

...E EDITION.

...C. BOHRANI,
... 9.
1869

G 1447
K.16

Ⓒ

13174

COURS D'HISTOIRE

RACONTÉE

AUX ENFANTS ET A LA JEUNESSE

ADOPTÉ

POUR LA MÉTHODE ÉLÉMENTAIRE DE M. LEVI

A

L'éditeur du *Cours d'histoire racontée aux enfants et à la jeunesse*, par M. Lamé Fleury, ayant rempli toutes les formalités prescrites par les traités avec les divers États qui ont fait avec la France des conventions littéraires, poursuivra toutes contrefaçons ou traductions des ouvrages de cette collection, faites au mépris de ses droits.

mpr. générale de Ch. Lahure, rue de Fleurus, 9, à Paris

L'HISTOIRE
ANCIENNE

RACONTÉE AUX ENFANTS

PAR

Mme LAME FLEURY

NOUVELLE ÉDITION

REVUE ET CORRIGÉE

PARIS

C. BORRANI, LIBRAIRE-ÉDITEUR

RUE DES SAINTS-PÈRES,

—

1869

AVERTISSEMENT.

L'expérience a démontré que les Précis, les Abrégés, les Résumés historiques n'atteignent qu'imparfaitement le but que l'on se propose en les mettant dans les mains des enfants. Le drame seul de l'histoire est à leur portée, et peut laisser dans leurs jeunes esprits des traces qui leur soient profitables.

D'autres méthodes ne se sont adressées qu'à leur mémoire, qu'elles ont meublée de dates et de noms propres; mais la chronologie n'est pas toute l'histoire, elle n'en est que le squelette, et il nous a toujours paru impossible d'apprécier l'utilité des périodes historiques, si l'on n'a pas acquis préalablement la connaissance des faits qu'elles renferment.

Nous avons procédé par une autre marche dans les petits ouvrages que nous avons publiés jusqu'aujourd'hui, et que le public a si favorablement accueillis; il nous a semblé qu'en fixant d'abord nos lecteurs par des récits attachants, nous parviendrions plus aisément à les instruire.

Les enfants sont curieux et questionneurs; nous avons tâché de piquer leur curiosité, et d'aller au-devant de leurs questions en parlant à leur intelligence.

Pendant longtemps, on avait pensé que des lecteurs raisonnables pouvaient seuls tirer quelques inductions de l'histoire, et les abréviateurs se bornaient à rapporter les faits, sans en déduire la moindre conséquence. C'était une erreur, qu'une expérience de trente années a démontrée d'une manière irrécusable.

Nous avons envisagé l'enseignement historique sous un aspect tout à fait différent, et nous nous sommes convaincu que, pour peu qu'on en prît la peine, on pouvait accoutumer les plus jeunes élèves à raisonner les faits qui leur sont soumis. La mémoire n'est plus alors qu'un simple auxiliaire, et les progrès de l'intelligence se développent en même temps que ceux de l'instruction.

Un enfant de six à huit ans possède déjà un tact parfait pour distinguer le bien du mal, le courage de la lâcheté, la grandeur d'âme de la faiblesse; il suffit de l'aider dans ses remarques, si l'on veut que son esprit saisisse les réflexions qu'on lui suggère, et que sa raison tire un double fruit de la leçon qui lui est donnée.

Notre Cours d'Histoire racontée aux enfants n'est donc ni un abrégé, ni un résumé, ni un précis des événements : c'est l'histoire elle-même avec les sentiments qu'elle doit leur inspirer, et les conséquences qu'ils peuvent en déduire. Les points de vue sous lesquels elle leur est présentée sont destinés à grandir avec eux, et à fonder sur des bases solides leurs connaissances à venir.

Des avantages trop incontestables ont été tirés de cette méthode, depuis plusieurs années, par les habiles professeurs qui l'ont mise en pratique, pour que son efficacité puisse être aujourd'hui l'objet du moindre doute.

Peu de changements importants ont été effectués dans la nouvelle édition que nous publions aujourd'hui; mais, comme par le passé, nous nous sommes fait un devoir de mettre à profit toutes les observations que des personnes éclairées ont bien voulu nous adresser dans l'intérêt de la jeunesse. L'extrême difficulté que l'on éprouve à se mettre sans cesse à la portée des enfants ne nous a point rebuté, et c'est par une révision minutieuse de l'ouvrage entier que nous avons voulu témoigner aux instituteurs et aux pères de famille qui nous ont honoré de leurs conseils le prix que nous attachons à leur suffrage.

L'HISTOIRE ANCIENNE
RACONTÉE AUX ENFANTS.

LES PREMIERS ÉGYPTIENS.

Temps incertains.

Il y a en Afrique, sur les bords de la mer, une contrée qu'un grand fleuve traverse et baigne de ses eaux. Chaque année, aux premiers jours de l'été, ce fleuve s'élève au-dessus de ses rives et se répand dans les campagnes, que ses flots couvrent bientôt entièrement; puis, après quelques jours de cette vaste inondation, on les voit se retirer lentement, laissant la terre couverte d'un limon bienfaisant qui la fertilise, et lui fait produire d'abondantes moissons.

Ce fleuve remarquable se nomme le Nil, et le pays qu'il arrose ainsi est l'Égypte, dont il est souvent question dans l'Histoire sainte.

Dans les plus anciens temps dont on ait gardé la mémoire, l'Égypte n'avait qu'un petit nombre d'habitants, qui d'ailleurs étaient si grossiers et si ignorants qu'ils prétendaient que leurs ancêtres étaient nés, avant tous les autres hommes, du limon du Nil échauffé par le soleil; ce qui était bien ridicule, je vous assure, car la terre n'a jamais produit des hommes comme elle fait pousser des plantes, et il n'y a que Dieu seul qui ait pu créer nos premiers parents. Ces premiers habitants de l'Égypte n'avaient aucune idée de l'agriculture, qui est l'art de cultiver les champs, et dans le pays le plus fertile du monde, ils se nourrissaient des racines et des herbes que la terre donne naturellement avec tant de libéralité.

Mais voici qu'un peuple noir, qui prétendait descendre de Cham, ce fils du vieux Noé que le patriarche avait maudit pour lui avoir manqué de respect, vint de l'Éthiopie, contrée voisine que le Nil traverse également, et où l'on trouve de l'or, du bois d'ébène et des dents d'éléphant d'où se tire l'ivoire. Ce peuple nouveau descendit un jour le long des rives du fleuve, et, après avoir fondé une ville qui reçut le nom de Méroé, se répandit avec rapidité sur toute l'étendue de l'Égypte.

Ces étrangers connaissaient l'agriculture, ils savaient faire usage de la charrue, et leur premier soin fut d'enseigner aux Égyptiens la manière d'employer cet utile instrument. Aussi les prêtres de Méroé, qui étaient en même temps les princes de l'Éthiopie, faisaient-ils un si grand cas de cette précieuse invention, qu'ils portaient, au lieu d'un sceptre, un soc de charrue, c'est-à-dire la partie de cet instrument qui déchire la terre et la rend féconde.

Cependant les nouveaux venus ne tardèrent pas à s'apercevoir que les plaines d'Égypte, arrosées tous les ans par les débordements du Nil, étaient bien moins arides que leur Éthiopie, où des sables brûlants et l'ardeur dévorante du soleil ne permettent à aucune plante de croître et de verdir.

D'abord les Éthiopiens s'établirent autour de Méroé ; mais ensuite, voyant que la terre d'Égypte leur donnait chaque année de plus belles moissons, ils creusèrent, sur les bords du fleuve, des cavernes où ils pussent se mettre à l'abri de la chaleur excessive de ce climat, et en même temps se préserver des ouragans qui soufflent quelquefois du grand désert d'Afrique, dont l'Égypte n'est pas éloignée.

Bientôt après, ils bâtirent une ville à laquelle ils donnèrent le nom de THÈBES, qui avait cent portes, et où leurs prêtres s'établirent et demeurèrent.

Enfin, en descendant le cours du Nil, les Éthiopiens parvinrent à un endroit où ce fleuve se divise en plusieurs branches, au milieu desquelles on trouve des terres encore plus fertiles que toutes celles qu'ils avaient rencontrées jusqu'alors ; ils entreprirent avec succès de les cultiver, et devinrent ainsi les plus riches agriculteurs du monde.

Cette dernière province, comprise entre les branches du Nil, reçut plus tard le nom de Delta, parce qu'elle ressemble par sa forme à une lettre grecque qui porte ce nom, et qui est faite de cette manière Δ.

Ce pays d'Égypte, dont l'histoire est fort intéressante, n'était pas encore très-connu des nations de l'Europe, il y a seulement une centaine d'années; mais depuis cette époque une armée française, conduite par Napoléon, le plus grand général des temps modernes, a parcouru cette contrée où elle a laissé d'innombrables souvenirs de gloire, tandis que des savants, qui l'accompagnaient, profitaient des intervalles des batailles pour étudier ce pays remarquable et en faire connaître les curiosités et les monuments. Cette étonnante expédition, où nos Français eurent bien des maux à souffrir, n'est point la moins admirable de toutes les merveilles dont l'Égypte a été le théâtre.

LES DIEUX DE L'ÉGYPTE.

Vers le 30ᵉ siècle avant J. C.

Le premier homme qui ait porté en Égypte le nom de roi se nommait Ménès ; il demeurait à Thèbes, et son royaume ne comprenait pas au delà des environs de cette ville, que l'on nomma depuis le nome Thébaïque. Mais ce prince accrut considérablement l'étendue de ses États, en élevant des digues pour empêcher le Nil de couvrir entièrement les campagnes qu'il traverse. Dans la contrée qu'il préserva ainsi des inondations du fleuve, il fonda aussi, à la pointe même du Delta, une grande et belle ville à laquelle il donna le nom de Memphis. Ménès, digne successeur des prêtres d'Éthiopie, continua d'honorer les dieux qu'ils avaient fait connaître aux Égyptiens, et inventa de nouvelles cérémonies pour les sacrifices qu'on leur offrait. Il faut, à propos de cela, que je vous dise quelles étaient les divinités que ces peuples adoraient dans ce temps reculé.

C'étaient d'abord le soleil et la lune, qu'ils nommaient le dieu Osiris et la déesse Isis, dont vous pouvez lire l'histoire dans la Mythologie. Ils attribuaient à Osiris l'invention de l'agriculture, voulant exprimer par là que c'est le soleil qui rend la terre féconde et qui fait mûrir les moissons.

Puis ils rendaient les honneurs divins à diverses espèces d'animaux, tels que le bœuf, qu'ils appelaient APIS, le chien, ANUBIS, le chat, et enfin un oiseau de ce pays, connu sous le nom d'IBIS. Vous allez me demander, peut-être, ce qu'ils trouvaient de divin dans de semblables bêtes, dont ils se servaient chaque jour dans leurs champs ou dans leurs maisons; mais je vous répondrai que c'était précisément parce que ces animaux leur étaient utiles qu'ils en avaient fait des divinités, pour que chacun les respectât.

Ainsi le bœuf leur servait à labourer la terre, le chien à garder leurs troupeaux, le chat à détruire les rats qui rongeaient leurs récoltes ; l'ibis enfin n'avait pas moins de droits à leur reconnaissance, parce que cet oiseau fait une chasse meurtrière à une multitude de petits serpents, que les eaux du Nil laissent sur le rivage en se retirant. Ils adoraient également la plupart des légumes de leurs jardins, dont l'usage était pour eux un des bienfaits de la nature.

Outre ces dieux de leur invention, ils en avaient encore d'autres qui étaient à leurs yeux un objet de crainte, et ils s'imaginaient les apaiser en brûlant de l'encens devant eux.

Le CROCODILE, par exemple, est un grand reptile qui vit tantôt dans le Nil, et tantôt sur la terre ; il a la forme du lézard de nos climats, mais il est bien différent de ce petit animal, qui est doux et sans malice, tandis que le crocodile, au contraire, est aussi rusé que féroce. On dit que lorsqu'il veut attirer près de lui quelque voyageur pour le dévorer, il se cache dans les joncs du fleuve, et contrefait le cri d'un enfant qui pleure : mais malheur à celui qui se détourne du chemin pour aller de ce côté ! car si un homme est assez imprudent pour s'en approcher, le monstre s'élance tout à coup sur lui avec violence, et le met en pièces en un instant. Heureusement que cet animal, tout méchant qu'il est, ne peut se défendre contre l'ICHNEUMON, espèce de rat d'Égypte, qui est son plus mortel ennemi, et qui détruit les œufs du crocodile ou ses petits lorsqu'ils viennent d'éclore, car la Providence a voulu qu'à côté du mal il y eût presque toujours le remède.

Les Égyptiens, à qui l'ichneumon était si utile, adoraient également ce petit animal, en reconnaissance du service qu'il leur rendait en s'attaquant à la progéniture d'un si redoutable ennemi.

Ce peuple attachait aussi un grand prix aux honneurs que l'on doit rendre aux morts ; mais en cela il faisait preuve d'un esprit juste et raisonnable, car, en Égypte, les honneurs funèbres étaient la récompense de la bonne conduite et de la vertu.

Lorsqu'un Égyptien venait à mourir, ses parents le faisaient embaumer, c'est-à-dire faisaient aussitôt préparer son corps avec des parfums qui le préservaient de la corruption, puis le cadavre tout entier était soigneusement enveloppé de petites bandelettes de lin, extrêmement fines, et collées ensemble par une gomme légère également parfumée avec soin.

Au moyen de cette préparation, ils conservaient non-seulement les traits du visage et la personne entière qu'ils regrettaient, mais encore ses cheveux, ses dents et sa peau elle-même, que le temps rendait sèche et ferme comme du parchemin. Après cela, ce corps, placé dans une espèce d'armoire ouverte, était déposé debout contre la muraille, soit dans un de ces tombeaux dont je vous parlerai plus tard, soit dans la maison même des parents du mort, où chacun pouvait ainsi conserver religieusement les restes mortels de ses ancêtres. C'est ce que l'on appelle des MOMIES d'Égypte, dont on a retrouvé un grand nombre encore intactes, depuis plus de trois mille ans qu'elles ont subi cette préparation.

Je dois vous dire pourtant, mes enfants, que chaque Égyptien, après sa mort, n'était point ainsi disposé en momie ; il fallait auparavant qu'il eût été présenté devant un juge sur la place publique, où il était permis à chacun d'élever la voix pour l'accuser : alors, si le juge déclarait que la conduite du défunt avait été mauvaise, il était privé des honneurs de la sépulture. Les rois eux-mêmes n'étaient pas plus exempts que leurs sujets de cette formalité, pour faire voir que si, pendant leur vie, ils avaient été placés au-dessus de leurs semblables, la mort les avait fait descendre au rang des autres hommes.

Aujourd'hui cette cérémonie du jugement public, lorsqu'une personne a cessé de vivre, n'existe plus chez aucun peuple ; mais la mémoire du méchant est toujours flétrie et détestée, tandis que celle de l'homme de bien est chérie et révérée de tous ceux qui l'ont connu. Soyez bien persuadés surtout, mes enfants, que lorsqu'un homme aura fait quelque mauvaise action sur la terre, il s'élèvera toujours contre lui des voix pour l'accuser devant tout le monde, comme cela se faisait autrefois chez les Égyptiens.

On rencontre aussi fréquemment en Égypte des ibis conservés avec le même soin que les momies humaines ; ce sont probablement les restes de ceux de ces oiseaux qui, après avoir été nourris dans les temples de Thèbes et de Memphis, recevaient après leur mort les honneurs divins.

LES ROIS PASTEURS.

Depuis l'an 2200 jusqu'à l'an 1800 avant J. C.

Il y avait déjà bien des années, mes enfants, que le roi Ménès était mort, et celui qui régnait alors se nommait Timaos, lorsqu'un peuple inconnu, qui avait les cheveux roux et les yeux bleus, vint du côté où le soleil se lève, et se rendit maître d'une grande partie de l'Égypte.

Ces nouveaux conquérants étaient grossièrement vêtus d'une peau de bœuf qui les couvrait à peine ; leurs cheveux étaient longs et en désordre, et leurs membres tout chargés de dessins de couleurs différentes et bizarres. Comme ils amenaient avec eux de grands troupeaux, on les nomma les Hycsos ou Pasteurs :

mais ces Pasteurs firent bien du mal en Égypte ; ils tuèrent tous les prêtres éthiopiens qu'ils purent atteindre, brûlèrent les villes, renversèrent les temples des dieux, et choisirent enfin pour roi un de leurs chefs nommé S ALATIS, qui établit sa demeure à Memphis. Ce prince construisit, à l'une des embouchures du Nil dans la mer, une ville qu'il nomma A VARIS, et qui reçut plus tard le nom de P ÉLUSE. Après lui, bien des rois pasteurs gouvernèrent l'Égypte pendant de longues années ; mais pourtant ils ne s'emparèrent jamais de la grande Thèbes, qui continua d'appartenir aux anciens habitants du pays.

La domination des Hycsos ne s'étendit pas ainsi au-dessus du Delta, que l'on nomme aussi la Basse-Égypte ; et le nome Thébaïque, c'est-à-dire la province dont Thèbes était la capitale, fut préservé des ravages de ces barbares.

Or, il faut que je vous dise que si nous ne savons encore que peu de chose sur cette époque reculée, c'est que les prêtres égyptiens ont été pendant longtemps les seuls qui conservassent l'histoire de ces anciens temps, écrite en caractères qu'aucune autre personne ne pouvait lire, de sorte que le reste des Égyptiens ignorait absolument ce qui était arrivé autrefois à leurs pères.

Cette écriture des prêtres d'Égypte se composait de traits bizarres et de figures d'animaux, tels que le lion, le rhinocéros, l'hippopotame, la girafe, qui sont tous originaires d'Éthiopie; car c'étaient les Éthiopiens qui avaient apporté en Égypte cette singulière manière d'écrire, à laquelle on donne le nom d'HIÉROGLYPHES. C'est celle que l'on retrouve continuellement sur les monuments encore existants de nos jours, et dans les tombeaux où les momies étaient déposées, ce qui permet de supposer que la plupart des Égyptiens étaient devenus assez instruits pour interpréter les inscriptions tracées sur les édifices publics.

Il y a cinquante ans à peine qu'un savant français, nommé CHAMPOLLION, a découvert le moyen de déchiffrer les hiéroglyphes, à l'aide desquels on pourra peut-être un jour posséder l'histoire complète de cette période antique, que nous ne connaissons encore que d'une manière si imparfaite; mais jusqu'à présent, on doit se contenter d'étudier les sculptures et les débris imposants dont cette contrée est couverte, et qui montrent assez de quelle manière les Égyptiens savaient cultiver les arts.

Les rois pasteurs, que leur long séjour en Égypte avait rendus moins farouches, régnèrent pendant plus de trois cents ans sur cette contrée, et ce fut l'un d'eux qui confia le gouvernement de l'Égypte au sage Joseph, dont les aventures vous ont sans doute beaucoup intéressés dans l'Histoire sainte. Mais à la suite de guerres sanglantes, un roi de Thèbes, nommé AMOSIS, les chassa de leurs conquêtes, reprit sur eux la grande Memphis, et s'empara même de leur ville d'Avaris. Alors cette race étrangère disparut entièrement du pays, qui rentra sous la domination de ses anciens maîtres.

Ce fut surtout après l'expulsion des Hycsos que l'Égypte commença à se couvrir des magnifiques monuments qui excitent encore à présent notre admiration, et dont je dois aussi vous faire connaître les principaux.

LES MONUMENTS DE L'ÉGYPTE.

Depuis l'an 1800 jusqu'à l'an 1350 avant J. C.

Savez-vous ce que c'est que les PYRAMIDES, dont il est indispensable, pour des enfants qui ont appris l'histoire, de connaître l'existence ? Ce sont d'immenses constructions en pierre, dont la base est un carré, et dont quelques-unes s'élèvent à une hauteur prodigieuse. Lorsqu'on est au pied de l'une des principales pyramides, elle paraît se terminer en pointe ; mais si l'on veut y monter par l'un des côtés qui forment de larges escaliers, dont les marches sont si hautes que les hommes les plus grands sont obligés d'y poser les genoux, on est tout étonné de parvenir à une espèce de terrasse, d'où l'on découvre l'horizon le plus admirable et le plus étendu.

Il y a beaucoup de pyramides en Égypte, et vous le croirez sans peine lorsque vous saurez que ces monuments étaient les tombeaux des anciens Égyptiens : on en connaît un grand nombre de moyennes et même de très-petites ; mais les plus remarquables de toutes, par leur élévation, sont celles que l'on voit encore à quelque distance du CAIRE, grande ville bâtie près des ruines de l'antique Memphis.

Les Turcs, qui sont aujourd'hui les possesseurs de l'Égypte, appellent ces grandes pyramides LES MONTAGNES DE PHARAON ; mais cela ne veut pas dire qu'elles aient été construites par ces Pharaons dont parle l'Écriture sainte dans les histoires de Joseph et de Moïse, et vous savez déjà que ce titre de Pharaon était celui que les Hébreux donnaient aux rois d'Égypte.

La plus haute des pyramides de Memphis fut construite autrefois par les ordres d'un prince nommé CHÉOPS, pour lui servir de tombeau ; son frère CHÉ-

PHREM, qui lui succéda, fut l'auteur de la seconde. Les travaux qu'il fallut exécuter pour élever ces masses énormes employèrent pendant trente années, dit-on, cent mille hommes, qui se relayaient tous les trois mois, et coûtèrent la vie à un nombre infini d'Égyptiens. Mais ces princes, dont l'orgueil et la dureté avaient causé la perte de tant de malheureux, furent punis comme ils le méritaient ; car les juges des morts ayant ordonné qu'on les privât des honneurs de la sépulture, ils ne furent point ensevelis dans leurs pyramides, comme ils l'avaient espéré.

Les OBÉLISQUES sont encore des monuments que l'on rencontre dans plusieurs parties de l'Égypte. Ce sont de hautes colonnes d'un seul morceau, à quatre faces et terminées en pointe, que l'on taillait dans la pierre la plus dure.

Ces blocs immenses étaient travaillés avec le plus grand art par d'habiles ouvriers, dans les carrières mêmes où se trouve le granit (c'est le nom de la pierre dure et rougeâtre que l'on employait pour ces monuments), et des bateaux faits exprès les dirigeaient ensuite par le Nil sur les diverses provinces de l'Égypte.

Un de ces monuments gigantesques, élevé, il y a plus de trois mille ans, dans un lieu nommé Louqsor, situé à quelque distance de Thèbes, a été transporté à Paris, après des travaux inouïs, par des hommes habiles et ingénieux, pour devenir un des ornements de cette capitale; aussi, lorsque sur l'une de nos principales places publiques, on contemple cette masse de pierre qui a déjà traversé tant de siècles, personne ne peut s'empêcher de penser combien d'hommes et de nations même se sont succédé sur la terre, depuis que ce bloc de granit a été soumis pour la première fois au travail des ouvriers égyptiens.

Ainsi que la plupart des monuments que nous ont laissés ces peuples, l'obélisque de Louqsor est couvert d'hiéroglyphes et de dessins bizarres, représentant quelque cérémonie de leur religion, ou le récit de quelque grand événement. Des savants de divers pays, continuant, avec un zèle digne des plus grands éloges, l'œuvre de Champollion, se sont dévoués à l'étude des nombreuses inscriptions monumentales de l'Égypte, et leur persévérance autant que leur habileté doit nous faire espérer qu'ils découvriront ainsi bien des faits encore ignorés de cette histoire

C'est parmi les ruines des temples égyptiens de Thèbes et de Memphis que l'on a trouvé les Pasteurs représentés par des hommes roux aux yeux bleus, et les Éthiopiens avec leur figure noire et leurs cheveux crépus.

Une autre merveille de l'Égypte, que je ne dois point non plus oublier de vous faire connaître, mes enfants, était le lac Moeris, que fit creuser un des plus anciens Pharaons, pour recevoir les eaux du Nil, lorsque leur trop grande abondance menaçait l'Égypte d'une submersion totale. Dans les temps de sécheresse, au contraire, ces eaux servaient à arroser le pays, par une multitude de petits canaux tracés dans tous les sens, pour aller porter au loin la fraîcheur et la fertilité.

Ce Pharaon, en creusant le lac Mœris, avait rendu un bien plus grand service à son pays, que Chéops et Chéphrem par la construction de leurs énormes pyramides; c'est que ceux-ci n'avaient écouté que leur orgueil, tandis que le premier avait préféré assurer la subsistance de ses sujets par des travaux utiles, plutôt que de les faire périr par milliers pour lui bâtir un tombeau inutile.

Il ne me serait pas possible de vous décrire ici tout ce que l'on trouve de curieux et de remarquable en Égypte, où l'on serait tenté de croire, à voir la grandeur et la solidité des débris majestueux dont elle est couverte, que ces monuments ont été l'ouvrage d'une nation de géants. Les ruines de Thèbes, entre autres, renferment un grand nombre de statues colossales, représentant des SPHINX, sorte d'animaux monstrueux ayant la tête d'une femme et le corps d'un lion.

Je n'ai pas besoin de vous dire, je pense, que de pareils animaux n'ont jamais existé ; mais on croit que les Égyptiens figuraient par ces bêtes fabuleuses un des mystères de leur religion, dont l'explication n'est point parvenue jusqu'à nous.

Vous entendrez peut-être parler encore, à propos de l'Égypte, d'une grande statue de pierre, représentant un prince de ce pays, mais à laquelle les Grecs avaient donné le nom de MEMNON, et qui chaque jour, aux premiers rayons du soleil, rendait, dit-on, un son plaintif et harmonieux. Les Égyptiens prétendaient aussi posséder le fameux PHÉNIX, oiseau merveilleux, dont le plumage d'or était mêlé de blanc et d'écarlate, et qui, étant seul de son espèce, se brûlait lui-même sur un bûcher lorsqu'il était vieux, pour renaître de ses cendres plus jeune et plus beau que jamais.

Ce sont de ces contes auxquels il ne faut point ajouter foi, à moins que l'on n'explique le phénomène que présentait la statue de Memnon, par l'effet de la chaleur des rayons solaires venant, à l'aube du jour, frapper cette pierre creuse et sonore, après l'humidité de la nuit, comme le supposent aujourd'hui les savants qui ont examiné ce colosse; quant au phénix, je puis vous assurer que l'on n'a jamais vu d'oiseau semblable.

L'un des plus fameux et des plus puissants rois égyptiens fut Sésostris, que l'on nomme aussi Ramsès le Grand, dont l'histoire serait bien intéressante, si elle n'était mêlée d'une multitude de fables, parmi lesquelles il est difficile de distinguer la vérité.

On raconte que Séti, son père, qui était aussi un vaillant guerrier, voulant lui assurer dès le berceau un grand nombre d'amis, ordonna qu'il serait élevé avec tous les petits garçons qui étaient nés à Thèbes le même jour que lui. Il y eut ainsi dix-sept cents enfants qui grandirent avec Sésostris, apprirent tout ce qu'il apprit, et l'aidèrent ensuite à devenir un des plus puissants rois du monde, car ils l'aimaient tous comme un frère.

Ce devait être un spectacle intéressant à voir que celui de ce jeune prince entouré de tant d'enfants de son âge, dont il faisait ses amis et ses compagnons; ce fut en vivant au milieu d'eux qu'il apprit à s'en faire aimer, et à traiter plus tard tous les hommes comme il avait traité ses compagnons d'enfance.

Le grand Sésostris, qui se rendit maître, dit-on, d'une partie de la terre, et qui fut vraisemblablement un des plus puissants Pharaons de l'Égypte, est figuré de diverses manières sur la plupart des monuments qui subsistent encore dans cette contrée. Tantôt on le voit combattant les rois d'Éthiopie, qu'il oblige à déposer à ses pieds de riches tributs d'or, de bois d'ébène et d'ivoire; tantôt il est représenté mettant en fuite des princes d'Asie, reconnaissables à leurs robes traînantes et à leurs coiffures élevées. D'autres fois ces peuples paraissent devant lui vaincus et enchaînés.

Sésostris, mes enfants, ne fut pas seulement un prince conquérant et redoutable, mais il se montra en même temps sage législateur et monarque bienfaisant. Il partagea l'Égypte entière en trente-six NOMES ou provinces différentes, et distribua aux guerriers qui avaient contribué à sa gloire et à ses exploits la troisième partie des terres de son royaume, sous la condition que leurs descendants, pour avoir droit à conserver la jouissance de ces terres, se tiendraient toujours prêts à prendre les armes pour la défense de leur patrie. On dit, cependant, que ce grand roi, étant devenu aveugle dans sa vieillesse, ne supporta pas cette affliction avec la patience que chacun de nous doit opposer aux épreuves qu'il plaît à la Providence de nous faire subir, et qu'il se donna la mort pour échapper à la douleur qu'il ressentit d'avoir perdu la lumière. Les Égyptiens, reconnaissants envers sa mémoire, lui élevèrent des temples, où ils l'associèrent aux honneurs divins qu'ils rendaient aux objets de leur vénération.

Ce fut vers le temps de Sésostris qu'un

Égyptien, nommé Cécrops, suivi d'un certain nombre de ses concitoyens, conduisit une colonie dans un beau pays d'Europe, alors peu connu, et auquel on donna plus tard le nom de Grèce. Cécrops y porta en même temps les arts et les inventions de l'Égypte, et devint le fondateur de plusieurs villes, dont la plus célèbre fut Athènes, sur laquelle vous apprendrez par la suite bien des histoires remarquables.

SÉTHOS.

Depuis l'an 713 jusqu'à l'an 670 avant J. C.

Depuis les temps les plus anciens, tous les habitants de l'Égypte étaient divisés en trois classes, entre lesquelles se partageait inégalement tout le territoire de ce vaste empire. La première était celle des prêtres, qui seuls connaissaient l'art de faire usage des hiéroglyphes, déchiffraient cette écriture mystérieuse, observaient le cours des astres, et présidaient aux sacrifices que l'on offrait aux divinités du pays; quoiqu'ils fussent en petit nombre, ils possédaient à eux seuls le tiers des terres du royaume.

La seconde classe était celle des guerriers, qui n'avaient d'autre occupation, d'autre science que celle de défendre leur patrie contre les ravages des Éthiopiens et des peuples pasteurs qui avaient autrefois envahi l'Égypte. Ces guerriers, comme l'avait ordonné Sésostris, possédaient aussi le tiers des terres du royaume, dont le reste appartenait sans partage aux rois eux-mêmes.

Le peuple enfin, c'est-à-dire les laboureurs, les ouvriers, les artisans de toute espèce, formaient la plus nombreuse et la dernière classe des habitants de l'Égypte. Ceux-là n'apprenaient ni à lire ni à écrire; leur caractère était craintif, leurs mœurs douces, et ils ne savaient qu'obéir et souffrir en silence.

Ces pauvres gens ne possédaient pas le plus petit coin de terre; ils vivaient à demi nus, se nourrissaient de quelques légumes grossiers, et n'avaient d'autre abri que les portiques des temples, ou des huttes fragiles de paille et de feuillage. La plupart du temps ils n'échappaient aux plus affreuses privations, qu'en se livrant aux travaux pénibles et dangereux que leur imposaient, pour un modique salaire, les orgueilleux Pharaons qui construisirent les pyramides et couvrirent l'Égypte des gigantesques monuments de Thèbes et de Memphis. Vous pouvez même vous rappeler, à cette occasion, d'avoir lu dans l'histoire de Moïse que le cruel Aménophis ordonnait à ceux qui faisaient travailler les Hébreux, pendant leur captivité en Égypte, de redoubler de rigueur envers ces infortunés, afin qu'ils périssent en plus grand nombre, et que leur nation fût promptement exterminée.

Maintenant il faut que je vous dise qu'en Égypte, lorsqu'un roi venait à mourir, ce n'était pas toujours son fils ou son plus proche parent qui lui succédait sur le trône ; le plus souvent les prêtres choisissaient parmi eux, sans consulter le peuple ni les guerriers, celui qui leur paraissait le plus digne de recevoir la couronne, et comme ils étaient plus savants et plus respectés que tous les autres Égyptiens, chacun s'empressait de souscrire au choix qu'ils avaient cru devoir faire.

Or, il arriva qu'un Éthiopien, nommé
Séthos, fut élevé au trône par le choix 713.
des prêtres, parce qu'il avait été instruit
dans les mystères de la religion d'Osiris,
et qu'il possédait même la plupart des
sciences secrètes interdites au reste de la
nation. Séthos avait donc beaucoup de
savoir et d'habileté ; mais il était en même
temps fier envers les guerriers, sans pitié
pour le pauvre peuple, et insatiable de
richesses. Il dépouilla les premiers de
toutes les terres que le grand Sésostris
avait distribuées à leurs ancêtres, et sur-
chargea les seconds de travaux si pénibles, qu'en peu d'années plusieurs provinces de l'Égypte se trouvèrent presque
entièrement dépeuplées.

Mais tandis que l'inflexible Séthos ac-
cablait ainsi sans pitié cette nation mal- 712.
heureuse, il apprit tout à coup qu'une
grande armée d'Assyriens, comme celles
qui avaient envahi plusieurs fois la Judée,
ainsi que je vous l'ai raconté dans l'Histoire sainte, s'approchait de l'Égypte, conduite par un roi nommé Sennachérib,

qui était le petit-fils de Salmanasar, le destructeur du royaume d'Israël.

Je n'essayerai point, mes enfants, de vous peindre l'effroi de l'Égypte entière et de Séthos lui-même, en apprenant cette fatale nouvelle; mais ce fut bien pis encore lorsque les guerriers, qui haïssaient ce prince à cause de ses injustices, déclarèrent qu'ils ne prendraient point les armes en sa faveur contre les Assyriens, et que chacun d'eux attendrait paisiblement dans sa demeure le maître qu'il plairait aux dieux d'imposer à l'Égypte.

Mais Séthos, tout avide et orgueilleux qu'il était, ne manquait point de courage, et se voyant ainsi abandonné de ceux dont le devoir était de défendre leur patrie, il réunit autour de lui un petit nombre d'ouvriers, d'artisans et de gens de la dernière classe du peuple, inhabiles à manier les armes, et se mettant à leur tête, il s'avança jusqu'à Péluse, où déjà l'armée de Sennachérib couvrait au loin le rivage d'une multitude de tentes.

A l'aspect d'un ennemi aussi supérieur en nombre, Séthos, voyant sa petite troupe tomber dans le découragement, eut recours à un artifice que lui suggéra le respect que les Égyptiens professaient pour ses moindres paroles. Il leur annonça qu'il allait recevoir du ciel un secours extraordinaire, et par cette espérance, qu'il ne partageait sans doute pas lui-même, il retint autour de lui ses soldats prêts à prendre la fuite.

En effet, il arriva précisément, pendant la nuit suivante, qu'une multitude innombrable de rats, se répandant tout à coup dans le camp des Assyriens, rongèrent en quelques heures, avec la voracité propre à cette race d'animaux, les cordes de leurs arcs, les brides de leurs chevaux et jusqu'aux courroies de leurs boucliers dont ils se trouvèrent dans l'impossibilité de faire aucun usage. Les Assyriens se voyant ainsi désarmés et assaillis sous leurs tentes par cette espèce d'ennemis qui ne leur laissaient pas un seul instant de repos, prirent la fuite avec précipitation, persuadés que quelque divinité malfaisante, se déclarant en faveur des Égyptiens, avait suscité contre eux de nouveaux adversaires contre lesquels ils étaient sans défense.

Les Égyptiens profitèrent habilement de cette terreur subite de l'armée de Sennachérib pour tuer un grand nombre d'Assyriens, et Séthos ne manqua pas de répandre dans toute l'Égypte que l'invasion des rats était le secours miraculeux qu'il avait obtenu du ciel. Pour consacrer à jamais le souvenir de cet événement, il fit ériger, dans un temple de Memphis, une statue qui le représentait tenant dans sa main droite un gros rat, avec une inscription ainsi conçue :

Apprenez, en me voyant, a respecter les dieux !

LE LABYRINTHE DE MEMPHIS.

Depuis l'an 670 jusqu'à l'an 616 avant J. C.

L'un des soins les plus constants des rois et des prêtres égyptiens avait été, dans tous les temps, d'inspirer au peuple et aux guerriers de cette nation une profonde horreur pour les étrangers, qu'ils confondaient, dans leur ignorance, avec les Hycsos et les barbares qui avaient autrefois subjugué l'Égypte. Ils n'avaient pas une aversion moins profonde contre la mer, qu'ils regardaient comme l'ennemie de leur patrie, parce qu'elle avait autrefois couvert de ses flots le Delta, leur plus riche province, et leur répugnance pour la navigation était telle, que lorsque la tempête ou le hasard jetait sur leurs rivages quelques malheureux marins, ils étaient aussitôt impitoyablement égorgés, comme des êtres dangereux ou nuisibles.

Il y avait déjà plusieurs années que le roi Séthos avait cessé de vivre, et personne encore n'avait été choisi pour prendre place au trône qu'il laissait vacant, lorsque douze seigneurs, voyant l'Égypte livrée à tous les malheurs qui suivent infailliblement l'anarchie, c'est-à-dire cet état violent où aucune autorité n'est assez forte pour se faire craindre et respecter, résolurent de s'emparer du souverain pouvoir, et de gouverner le royaume d'un commun accord.

Unis par une sincère et généreuse amitié, ces douze princes, pour ne point se séparer, se firent élever auprès de Memphis un palais, ou plutôt un édifice immense formé de douze palais communiquant l'un avec l'autre, et renfermant un si grand nombre de vestibules, d'appartements, de cabinets, de portes, de galeries, d'escaliers, de corridors, que lorsqu'on y était entré, il devenait presque impossible de ne pas s'y égarer. Au-dessous de ce vaste bâtiment, un pareil nombre de palais souterrains, contenant, dit-on, quinze cents chambres différentes, étaient destinés à servir de sépulture aux douze rois, et d'habitation aux crocodiles et aux autres animaux sacrés. Cet édifice gigantesque portait le nom de LABYRINTHE, et c'est de là qu'est venu l'usage d'appeler ainsi un jardin dont les allées se croisent en tant de sens différents, que ceux qui le parcourent craignent bientôt de ne plus pouvoir en sortir.

Or, quelle que fût auparavant l'union des douze princes qui régnaient ensemble sur l'Égypte, depuis qu'ils s'étaient partagé le pouvoir suprême, une défiance mutuelle s'était glissée entre eux, et chacun d'eux, ayant fait consulter secrètement les plus savants prêtres de Memphis, apprit avec effroi que la possession de l'Égypte appartiendrait sans partage à celui des douze gouverneurs qui, le premier, ferait des libations à Osiris dans un vase d'airain ; mais vous ne savez sans doute pas ce que c'était qu'une « libation, » et je vais tâcher de vous en donner une idée.

Lorsque les Égyptiens offraient des sacrifices à leurs dieux, il était d'usage que les assistants, dans l'espoir de rendre la divinité favorable à leurs prières, répandissent sur l'autel des vases remplis de lait, de vin ou d'autres liqueurs parfumées. C'était ce qu'on appelait alors faire des libations, et dans chaque temple des coupes d'or et d'argent, destinées à cette pratique, étaient préparées auprès de l'autel.

Un jour donc que les douze princes étaient réunis dans un temple de Memphis pour offrir un sacrifice, lorsque le moment fut venu de faire des libations, on ne trouva que onze coupes d'or, et l'un des rois, nommé Psammétique, afin de ne point retarder le sacrifice, prit son casque, qui était d'airain, et s'en servit pour accomplir cette cérémonie. Mais cette circonstance rappela tout à coup à chacun des assistants la prédiction qui leur avait été faite à ce sujet, et Psammétique, devenu dès ce moment odieux à ses anciens amis, fut contraint de fuir précipitamment leur présence, pour ne point être tué par leur ordre, et de se réfugier dans une province éloignée, où, sous un déguisement obscur, il attendit patiemment que quelque événement inattendu le tirât de cet exil.

A quelque temps de là, comme il se promenait sur le bord de la mer, rêvant sans doute au malheur dans lequel il était tombé, il aperçut à peu de distance un navire étranger qu'une tempête furieuse venait de briser sur le rivage, et remarqua que les hommes échappés au naufrage étaient couverts d'armures de fer ; il se souvint alors qu'on lui avait prédit dans sa jeunesse que la mer amènerait un jour à son secours des hommes d'airain qui changeraient sa fortune. Plein de confiance dans cette prédiction, il alla au-devant des étrangers, se mit à leur tête, et, grâce à leur courage, ayant défait complétement l'armée des onze rois, qui périrent tous dans la bataille, il se trouva seul maître de l'Égypte, sur laquelle il régna avec sagesse pendant trente-neuf ans.

656.

Depuis ce temps, mes enfants, les Égyptiens cessèrent de se montrer cruels envers les navigateurs qui abordaient leurs rivages. Eux-mêmes apprirent des étrangers à construire des vaisseaux avec lesquels ils se livrèrent au commerce, qui les enrichit, et le successeur de Psammétique, appelé Néchao, que vous retrouverez peut-être un jour dans d'autres livres, fit entreprendre par des marins de sa nation une des plus longues navigations dont il soit question dans l'histoire des peuples de l'antiquité.

616.

A présent que je vous ai raconté de l'Égypte tout ce qui m'a paru devoir vous intéresser, nous allons passer en Asie, qui fut, selon toute apparence, la première partie du monde habitée par les hommes, puisque c'était auprès des sources du Tigre et de l'Euphrate qu'était situé le Paradis terrestre, où Adam et Ève avaient vécu si heureux avant leur péché.

NEMROD LE CHASSEUR.

Temps incertains.

Il y avait autrefois, en Asie, un homme qui était si passionné pour la chasse, qu'il employait sa vie entière à poursuivre les bêtes fauves dans les forêts ; il se nommait Nemrod le Chasseur, et passait pour être l'un des descendants de Cham.

Or il ne faut pas croire que Nemrod, en se livrant à la chasse avec cette ardeur, n'eût pas d'autre idée que de détruire les animaux sauvages ; mais, sous ce prétexte, il réunissait autour de lui un grand nombre d'hommes jeunes et robustes, qui, toujours armés pour cet exercice, prirent l'habitude d'une vie rude et laborieuse. Ainsi accoutumés à obéir au chef qui les dirigeait dans leurs courses, ils proposèrent un jour à Nemrod de le faire roi, et celui-ci, qui surpassait tous ses compagnons par son courage et son habileté, accepta leur offre avec empressement.

Alors le grand chasseur cessa de parcourir les campagnes à la poursuite des bêtes fauves; il apprit à ses sujets à abattre les forêts dont la terre était encore couverte, et leur persuada de bâtir une ville au lieu même où, avant la dispersion des hommes, les fils de Noé avaient commencé à construire la fameuse tour de Babel, que Dieu ne leur avait pas permis d'achever.

Ce fut donc dans cet endroit que Nemrod jeta les fondements de l'une des plus grandes villes qui aient jamais existé, et à laquelle il donna le nom de BABYLONE. Elle fut bâtie sur les bords de l'Euphrate et à peu de distance d'un vaste pays appelé terre de SENNAAR, où les hommes s'étaient établis après le déluge. Les peuples qui habitaient la contrée voisine de Babylone portaient le nom de CHALDÉENS, et vous pouvez vous rappeler que ce fut de la Chaldée que Dieu appela Abraham, pour lui ordonner d'aller habiter la Terre sainte.

Maintenant, mes enfants, vous serez sans doute surpris d'apprendre que ces peuples antiques, dont l'histoire nous est à peine connue, furent les premiers inventeurs de l'une des sciences les plus difficiles que les hommes puissent cultiver : je veux parler de l'ASTRONOMIE, étude qui a pour objet la connaissance des astres.

Sous le beau climat de l'Asie, où le ciel est toujours pur et serein, c'était l'usage, dès ce temps-là, que les bergers qui menaient paître leurs troupeaux dans les plaines de la Chaldée passassent les nuits en plein air, sans être même abrités par une tente légère faite de peaux de bêtes ou de branches d'arbres. Ces bergers, dans leur solitude, prirent la coutume d'examiner avec attention les astres qui brillaient au ciel; ils remarquèrent que les étoiles pouvaient les aider à se diriger dans les voyages qu'ils étaient obligés de faire à travers les immenses pâturages de la Chaldée, et c'est de leurs observations que se sont formées les premières notions de l'astronomie, qui est devenue par suite une science intéressante et indispensable à la navigation et à la géographie. Ainsi les Chaldéens furent les plus anciens astronomes, et leurs premières découvertes, bientôt portées en Égypte et dans quelques contrées voisines, devinrent l'objet des études constantes d'un grand nombre d'hommes laborieux, qui comprirent de bonne heure toute l'utilité de la science nouvelle, dont ils avaient été les inventeurs.

Mais cette découverte, qui aurait dû inspirer à ces peuples une admiration sans bornes pour la puissance infinie de Dieu, seul et véritable créateur des merveilles qu'ils observaient, les fit tomber au contraire dans une erreur grossière. Frappés à la fois de crainte et de respect pour les corps lumineux qui brillaient au-dessus de leurs têtes, ils s'accoutumèrent à les adorer comme des divinités, et donnèrent ainsi naissance à une fausse religion que l'on nomme le SABÉISME, et qui n'est autre que l'adoration des astres. Ils dressèrent des autels au soleil, auquel ils rendirent un culte sous le nom de BAAL, ce qui, dans leur langue, voulait dire maître ou seigneur; bientôt après ils poussèrent l'extravagance jusqu'à rendre les mêmes honneurs aux princes qui les avaient gouvernés, ou aux hommes ingénieux qui leur avaient enseigné quelque connaissance utile. Le grand chasseur Nemrod fut, dit-on, mis au nombre des dieux et confondu avec Baal. L'un des plus anciens temples du monde lui fut élevé par les Chaldéens, à Babylone même qu'il avait fondée, et où, dans une tour d'une hauteur considérable, leurs prêtres continuèrent leurs observations astronomiques. Telle fut l'origine de l'idolâtrie dans laquelle les Israélites eux-mêmes se laissèrent si souvent entraîner; et si vous avez déjà étudié la mythologie, vous pouvez aisément reconnaître, dans ce que je viens de vous raconter, la source de la plupart des fables dont elle est remplie.

Vers le même temps, un autre homme puissant, nommé Assur, qui était aussi originaire du pays de Sennaar, et l'un des descendants de Sem, le premier des fils de Noé, bâtit sur les bords du Tigre une nouvelle ville, à laquelle il donna le nom de Ninive; tout le pays environnant prit celui d'Assyrie, ou royaume des Assyriens.

Il se trouva donc, presque à la même époque et dans la même partie du monde, deux empires fondés par des descendants de Noé, et qu'il est aisé de distinguer l'un de l'autre; mais celui des Chaldéens ne fut pas de longue durée, car peu d'années après la mort de Nemrod, un roi de Ninive, qui avait nom Bélus, s'empara de Babylone, fit tuer le prince qui régnait alors sur cette ville, ainsi que toute sa famille, et assujettit sans retour le royaume des Babyloniens à la domination **assyrienne.**

NINUS, ROI D'ASSYRIE.

Vers le 20ᵉ siècle avant J. C.

Le fils de Bélus ne fut pas un conquérant moins illustre que son père ; sous son empire, la domination des Assyriens s'étendit sur une grande partie de l'Asie. Ninus, c'était son nom, secondé par un peuple voisin que l'on appelait les Arabes, et réunissant de grandes armées qui traînaient après elles des milliers de chariots hérissés de faux tranchantes, soumit la Syrie, l'Asie Mineure, et plusieurs autres contrées que vous apprendrez à connaître plus tard. Ainsi les hommes, qui, depuis peu de siècles seulement réunis en société, ignoraient encore la plupart des choses nécessaires au bien-être et à la conservation de leur existence, connaissaient déjà l'art de fabriquer des armes meurtrières, qui devenaient entre leurs mains autant d'instruments de colère et de destruction.

Je vous prie de remarquer, mes enfants, à propos des Arabes qui secondèrent Ninus dans ses entreprises, et contribuèrent ainsi à l'accroissement de la puissance assyrienne, que ces peuples n'étaient autres que les anciens Ismaélites, cette nation farouche et guerrière qui tirait son origine d'Ismaël, fils d'Abraham, que sa mère Agar avait porté tout enfant dans le désert, pour obéir aux ordres de Dieu, ainsi que je vous l'ai raconté dans l'Histoire sainte.

Cependant Ninus, que ses conquêtes avaient élevé au comble de la grandeur et de la puissance, avait choisi pour capitale de son vaste empire la ville de Ninive, qu'il prenait plaisir à décorer de palais magnifiques et de somptueux édifices; c'était là qu'il assemblait ses armées, lorsqu'il voulait entreprendre des guerres lointaines et ajouter de nouvelles provinces à son royaume.

Un jour que ce prince assiégeait la ville de Bactres, capitale de la Bactriane, il aperçut sur les murailles dont cette ville était entourée une dame qui lui parut si merveilleusement belle qu'il voulut à l'instant même savoir qui elle était. On lui répondit qu'elle se nommait Sémiramis, et qu'elle était précisément la femme du gouverneur de la ville assiégée; il apprit en même temps que la beauté de Sémiramis, tout admirable qu'elle lui paraissait, n'était que le moindre des avantages dont la nature l'avait comblée. On lui rapporta aussi que dans son enfance, cette dame, ayant été abandonnée par ses parents dans une forêt, avait été nourrie miraculeusement par des colombes. Je n'ai pas besoin de vous expliquer que le récit fait à Ninus sur l'origine de Sémiramis était tout à fait mensonger; mais la crédulité des anciens peuples accueillait facilement les plus grossières erreurs, et dans la langue que l'on parlait alors en Asie, le nom de cette princesse voulait dire Colombe.

Ce récit ne fit qu'irriter chez le prince assyrien le désir de connaître cette femme dont on racontait des choses si extraordinaires, et lui faire regretter qu'elle eût un mari ; mais la ville ayant été prise peu de jours après, Ninus, informé que le gouverneur avait péri dans le combat, se hâta d'épouser la belle veuve, dont il eut un fils, qui reçut le nom de Ninias.

Je dois vous dire à présent, mes enfants, que cette femme qui était douée de tant de brillantes qualités avait cependant de terribles défauts ; car la bonté n'accompagne pas toujours les charmes de la figure, et ce n'est pas assez d'avoir de l'esprit, des grâces et des talents, si l'on ne possède en même temps un bon cœur et un caractère aimable.

Sémiramis, au contraire, était fière et ambitieuse. A peine assise près de son nouveau mari sur le plus puissant trône du monde, elle conçut un désir immodéré de régner sans partage sur cet empire qu'elle tenait de la seule tendresse de Ninus, et ce prince infortuné, qui s'estimait le plus heureux des hommes d'être devenu l'époux d'une si charmante princesse, ne tarda pas à expier cruellement son imprudence.

Cette femme artificieuse lui ayant une fois témoigné le désir de gouverner seule l'empire d'Assyrie pendant cinq jours seulement, pour mieux apprécier toutes les douceurs de la royauté, Ninus, qui ne savait rien lui refuser, ordonna que pendant ce temps tous les officiers de son palais et de ses États exécuteraient sans retard les ordres de Sémiramis, quelque chose qu'elle leur commandât. Mais le faible monarque n'eut pas plutôt donné cet ordre, que cette princesse perfide le fit, à l'instant même, saisir par ses propres gardes et plonger dans une sombre prison où, peu de jours après, on assure qu'il fut mis à mort.

Après ce crime odieux, Sémiramis se trouva l'une des plus grandes reines de la terre. Mais le malheur vint s'asseoir avec elle sur ce trône usurpé; car d'insupportables remords empoisonnèrent cette grandeur qu'elle avait tant souhaitée, et elle ne cessa plus dès lors d'avoir devant les yeux la figure pâle et irritée de l'infortuné Ninus, qui semblait lui reprocher son ingratitude. Obsédée désormais par cette image cruelle qui ne la quittait plus ni jour ni nuit, elle imagina de consulter un ORACLE, c'est-à-dire l'un des prêtres des faux dieux de Babylone, qui passaient pour savoir prédire l'avenir, et le supplia de lui indiquer ce qu'elle devait faire pour échapper à cet effroyable tourment; mais l'oracle, pour toute consolation, lui répondit qu'un jour son propre fils Ninias serait la cause de sa mort.

Alors cette princesse reconnut que le sort qui la menaçait était le juste châtiment de sa cruauté envers Ninus, et elle détesta une puissance qui n'avait plus pour elle que de l'amertume.

Cette histoire doit vous apprendre, mes enfants, qu'une mauvaise action ne peut jamais être profitable, à cause des regrets qu'elle laisse toujours après elle.

SÉMIRAMIS.

Vers le 19ᵉ siècle avant J. C.

Les remords de Sémiramis, et le souvenir cuisant du crime qu'elle avait commis, ne l'empêchèrent pourtant point d'illustrer son règne par toutes sortes d'actions célèbres. L'un de ses soins les plus importants fut d'orner la ville de Babylone d'un grand nombre de monuments, dont on trouve encore aujourd'hui des débris fort remarquables. Le temple de Bélus, commencé par les prêtres chaldéens pour continuer leurs observations astronomiques, fut entouré par elle d'une haute et forte muraille, et devint le dépôt des richesses et des trésors qu'elle recevait de toutes les provinces de son empire. Elle l'avait fait surmonter de huit tours, qui, placées les unes au-dessus des autres, formaient une élévation considérable, d'où l'on pouvait découvrir tout ce qui se passait à une grande distance.

L'un des plus fameux ouvrages de Sémiramis, à Babylone, fut la construction de magnifiques terrasses couvertes d'une riche verdure, que les anciens appelaient des jardins suspendus. Ce devait être, en effet, un admirable spectacle que celui d'un grand nombre de beaux arbres, qui, plantés comme par enchantement à une élévation prodigieuse, formaient en l'air des forêts embaumées, où des milliers de petits oiseaux faisaient entendre leur ramage, et à travers lesquelles coulaient des ruisseaux limpides, dont les eaux étaient amenées à cette hauteur par des machines ingénieuses. On arrivait par de superbes escaliers à ces jardins, où les plus belles fleurs et les meilleurs fruits se présentaient en abondance, comme dans un nouveau paradis terrestre.

Les murailles de Babylone, commencées par Nemrod, furent aussi terminées par Sémiramis, et leur construction n'est pas moins célèbre que celle des jardins suspendus ; quoique d'une grande élévation, elles étaient tellement larges que deux ou trois chariots, attelés de plusieurs chevaux, pouvaient y courir sans danger comme sur une grande route.

Un magnifique pont sur l'Euphrate qui traversait la capitale, aux deux extrémités duquel s'élevaient de vastes châteaux, ainsi que cent autres travaux non moins considérables, furent entrepris et achevés à Babylone et dans tout l'empire par Sémiramis, qui y employa, dit-on, plusieurs millions d'hommes ; cette ville devint par ses soins la première du monde, et jamais règne n'eût été plus glorieux que le sien, si toute cette grandeur n'eût pas été achetée par l'horrible ingratitude dont elle avait payé les bienfaits de Ninus.

Au milieu de tant de travaux et de soucis, Sémiramis ne négligeait pas ses armées, que plusieurs fois elle conduisit elle-même à la guerre, et dans lesquelles elle faisait régner une discipline exacte et sévère. Un jour qu'elle était à sa toilette, car elle aimait la parure comme presque toutes les dames, on vint lui apprendre qu'une révolte avait éclaté parmi ses soldats; aussitôt elle se rendit au milieu du camp rebelle, encore à demi coiffée, punit sévèrement les chefs de ce tumulte, et par sa fermeté fit à l'instant même rentrer les plus mutins dans le devoir.

En mémoire de cet événement, on lui éleva une statue où elle était représentée ainsi décoiffée, pour rappeler à la fois son courage et sa célérité.

Cependant le temps approchait où l'oracle qui la menaçait de son propre fils devait s'accomplir. Elle apprit avec douleur que des officiers de son palais, sous prétexte de venger la mort de Ninus, avaient formé un complot contre sa vie, pensant être agréables à Ninias, quoique ce jeune prince n'en fût point informé.

Cette nouvelle acheva de la dégoûter de l'empire, dont ses remords lui rendaient chaque jour le poids plus insupportable; elle résolut alors de se retirer secrètement dans le tombeau de Ninus, pour y pleurer son crime et passer dans le deuil le reste de sa vie. En effet, peu de jours après, elle disparut sans que personne sût ce qu'elle était devenue, et ce fut seulement au bout de plusieurs années que Ninias apprit le triste sort de sa mère qu'il n'avait point cessé de regretter amèrement. Il lui fit rendre les honneurs funèbres, et lui érigea un temple somptueux où elle fut adorée comme une divinité par les Assyriens, qui ne pouvaient croire qu'une femme qui avait accompli de si grandes choses ne fût pas au-dessus d'une simple mortelle.

Son corps fut déposé à Babylone dans un tombeau magnifique, où elle avait ordonné qu'on gravât après sa mort cette inscription, qu'elle avait composée elle-même dans cette intention :

« La nature m'a donné le corps d'une femme, et mes actions m'ont rendue l'égale des hommes les plus vaillants. J'ai gouverné l'empire de Ninus, qui s'étend sur presque toute l'Asie. Avant moi, aucun des Assyriens n'avait vu la mer; je leur en ai fait connaître quatre que personne n'abordait auparavant, tant elles étaient éloignées. J'ai détourné le cours des fleuves pour arroser les terres stériles que j'ai rendues fécondes; j'ai élevé des forteresses et percé des routes à travers des rochers impraticables; j'ai conduit mes chariots de guerre par des chemins que les bêtes féroces elles-mêmes ne pouvaient gravir, et parmi tant de travaux, j'ai encore trouvé du temps pour mes plaisirs et pour mes amis. »

Cette inscription, tout orgueilleuse qu'elle vous paraîtra sans doute, car il n'est permis à personne de faire son propre éloge, est pourtant le tableau exact de la grandeur de Sémiramis. Les quatre mers qu'elle se vantait d'avoir, la première, fait connaître aux Assyriens sont la mer Méditerranée, la mer Caspienne, le Pont-Euxin et la mer Rouge, dont il vous sera facile de distinguer la position sur une carte géographique ; et il faudra vous rappeler que ce fut cette princesse qui éleva la puissance assyrienne plus haut que tous les rois qui régnèrent sur l'Asie avant et après elle.

LA MORT DE SARDANAPALE.

L'an 759 avant J. C.

Les rois d'Assyrie qui succédèrent à Sémiramis ne ressemblèrent pas à cette grande princesse ; et son propre fils Ninias, au lieu de déployer comme sa mère un noble courage et une infatigable activité, passa sa vie dans l'indolence et l'oisiveté. Enfermé dans son palais de Ninive, il affecta de ne jamais se montrer à ses peuples, qui s'accoutumèrent aisément à mépriser un roi qu'ils ne connaissaient pas. Les trente rois qui régnèrent après lui ne furent pas plus recommandables ; mais le dernier de tous fut aussi le plus indigne du rang où la Providence l'avait placé.

Ce prince des Assyriens se nommait Sardanapale, et son unique plaisir était de passer sa vie au fond de son palais, entouré d'esclaves et de femmes, dont il aimait à imiter les parures et les occupations, constamment habillé et fardé comme elles, et s'exerçant à filer.

Or, dans ce temps-là, le travail ordinaire des femmes, quel que fût leur rang, était de filer la laine et le lin, avec lesquels se faisaient les habillements des hommes et des rois eux-mêmes. La laine la plus fine était teinte en pourpre, c'est-à-dire en une belle couleur rouge que l'on tirait d'un petit coquillage marin, et cette laine précieuse servait à fabriquer les robes et les manteaux des rois et des grands personnages.

A présent, lorsque vous lirez dans quelque histoire que des princes portaient des vêtements de pourpre, vous vous rappellerez quelle était cette magnifique étoffe, que l'on tirait le plus souvent d'une célèbre ville d'Asie nommée Tyr, dont j'aurai plus d'une occasion de vous parler dans d'autres livres.

C'était un genre de vie bien honteux pour un homme, n'est-il pas vrai, mes enfants, qu'avait adopté le lâche Sardanapale. Inaccessible aux yeux de ses sujets, on ne le voyait point, comme le vaillant Nemrod, se livrer aux plaisirs de la chasse ou paraître à la tête de ses troupes, monté sur un cheval fringant. Sardanapale, au contraire, dormait tout le jour dans un appartement où il avait défendu qu'on laissât pénétrer la clarté du soleil, et passait les nuits à boire et à danser avec ses esclaves ; le son de la trompette eût déchiré son oreille accoutumée à une musique molle et langoureuse, et il craignait par-dessus tout la poussière et le soleil, que les hommes de tous les pays affrontent sans regrets et sans répugnance.

Vous comprendrez aisément qu'un prince adonné à une pareille vie ne s'occupait guère de son royaume ; aussi les principaux officiers de l'empire n'avaient-ils jamais vu leur roi, dont ils étaient loin pourtant de soupçonner la honteuse faiblesse.

Un jour, cependant, un seigneur nommé ARBACE, qui était gouverneur de la MÉDIE, l'une des principales provinces du royaume d'Assyrie, parvint jusqu'à l'appartement de Sardanapale, et je vous laisse à penser quelles furent sa surprise et son indignation en voyant ce monarque, le visage peint de plusieurs couleurs, et la tête ornée d'un léger voile de lin, au lieu de la TIARE, qui était une coiffure élevée, par laquelle les rois assyriens se distinguaient de leurs sujets. Quant à une épée, Sardanapale n'en portait jamais, parce que ses membres efféminés n'auraient point eu la force d'en soutenir le poids.

Arbace, en sortant du palais, ne put cacher à ses compagnons les honteuses habitudes du roi, et tous frémirent de colère en pensant que tant de vaillants hommes obéissaient à un prince aussi méprisable. Ce fut le signal de la perte de

Sardanapale, et ils convinrent ensemble de ne pas souffrir plus longtemps une telle indignité.

Cependant le roi, au milieu de sa mollesse, avait quelquefois eu la pensée qu'un grand péril pouvait le menacer, et, suivant la coutume de ce temps, il avait envoyé consulter un oracle, qui lui avait répondu que Ninive ne pourrait jamais être prise, tant que le Tigre ne combattrait pas avec ses ennemis.

Or le Tigre, comme vous savez, était précisément le fleuve sur les bords duquel s'élevait la grande Ninive avec ses hautes murailles et ses portes d'airain. Mais voici que tout à coup la prédiction de l'oracle se trouva accomplie : car les eaux du fleuve, s'étant grossies extraordinairement, renversèrent avec violence une partie des murailles, tout épaisses qu'elles étaient, et ce fut précisément par cette brèche qu'Arbace et ses compagnons, ayant pénétré dans la ville, vinrent assiéger Sardanapale dans son propre palais.

Il ne faut pas croire pourtant que ce

roi, tout méprisable qu'il était, n'eût pas encore quelques vaillants soldats qui voulussent défendre le dernier successeur de Nemrod. Il y eut donc d'abord de terribles combats dans lesquels les amis d'Arbace n'obtinrent pas toujours la victoire, et plusieurs d'entre eux parlaient déjà de se retirer, lorsque Bélésis, prêtre chaldéen et savant astronome, qui était l'un des principaux conjurés, les retint en les assurant qu'il avait lu dans les astres que s'ils persévéraient cinq jours encore dans leur entreprise, elle serait couronnée du plus brillant succès. Bélésis, à vous parler franchement, n'avait pas pu lire cette prédiction dans les étoiles, qui n'indiquent point l'avenir ; mais il sut inspirer assez de confiance à ses compagnons, pour qu'aucun d'eux ne voulût l'abandonner avant le terme qu'il avait fixé.

En effet, le cinquième jour n'était point encore écoulé, lorsque Sardanapale, déjà las de combattre, et se rappelant le sens de l'oracle dont il était menacé, fit allumer dans une des cours de son palais un immense bûcher, où il se précipita avec ses femmes, ses esclaves, et tous ses trésors, qui s'élevaient à des sommes considérables.

Ces oracles et ces prédictions qui s'accomplissent toujours à point nommé, comme nous venons de le voir, ne vous semblent-ils pas bien merveilleux et véritablement incroyables? Quant à moi, je pense qu'ils ont été inventés après les événements, pour faire croire aux peuples de l'ancien temps que les prêtres de leurs dieux et que les astronomes avaient la faculté de prévoir l'avenir, faculté qui n'a jamais appartenu à aucun homme, sans une permission miraculeuse de la toute-puissance de Dieu, ainsi que vous l'avez vu dans l'histoire des prophètes d'Israël.

Après la mort de Sardanapale on lui érigea, par dérision, une statue où il était représenté dans l'attitude d'un danseur à moitié ivre, et au pied de laquelle on avait écrit en gros caractères:

Mange, bois, divertis-toi : tout le reste n'est rien.

Et chacun, en lisant ces mots, reconnaissait Sardanapale, car il n'y avait que lui qui pût tenir un pareil langage.

Avec ce prince, mes enfants, finit le grand empire des Assyriens fondé par Bélus et rendu si puissant par Sémiramis. Il fut divisé en trois royaumes, qui sont tous trois devenus très-célèbres. Arbace, principal auteur de la chute de Sardanapale, eut en partage la Médie, à laquelle il essaya de transporter la suprématie assyrienne sur le reste de l'Asie ; Bélésis, ce prêtre chaldéen dont la ruse avait retenu les amis d'Arbace prêts à se disperser, devint roi de Babylone ; et enfin un prince nommé Phul gouverna glorieusement le royaume de Ninive. Le roi Salmanasar, qui emmena les dix tribus de Juda en captivité sur les bords du Tigre et de l'Euphrate, comme je vous l'ai raconté dans l'histoire de Tobie, était un des successeurs de Phul, ainsi que Saosduchéus ou Nabuchodonosor, dont la courageuse Judith, par le meurtre d'Holopherne, mit l'armée en déroute devant Béthulie.

L'EMPIRE DES MÈDES.

Depuis l'an 759 jusqu'à l'an 690 avant J. C.

A quelque temps de là, les Mèdes, qui, depuis la mort de Sardanapale, avaient d'abord été gouvernés par Arbace, se trouvèrent sans roi ; et ce peuple tomba tout à coup dans des malheurs effroyables : car il est impossible qu'une grande nation puisse se gouverner toute seule, et il arrive le plus souvent en pareil cas que la volonté du plus fort devient la loi suprême, à laquelle les faibles et les timides sont contraints de se soumettre, quelles que soient d'ailleurs son injustice et sa cruauté.

Les Mèdes donc, qui la plupart du temps se voyaient dépouillés de leurs troupeaux, ou en butte à la violence des méchants, dont l'audace et l'avidité n'étaient plus contenues par la crainte du châtiment, résolurent de ne pas supporter plus longtemps de semblables désordres, et ils jetèrent les yeux, pour en faire leur chef, sur un de leurs concitoyens, nommé Déjocès, qui avait obtenu dans tout le pays une juste réputation de sagesse et de vertu.

En effet, ce Déjocès, qui habitait un village de Médie, était si respecté de ses voisins, que lorsqu'il s'élevait entre eux quelque dispute, au lieu de se battre avec fureur, comme le faisaient le plus souvent les habitants des autres endroits, ils allaient le trouver d'un commun accord, et s'en rapportaient à son équité pour juger leurs différends. Se soumettre ainsi volontairement aux décisions de cet homme de bien, c'était agir bien plus sagement que de se faire justice soi-même par la ruse ou par la violence. La seule parole de Déjocès suffisait donc le plus souvent pour prévenir des malheurs incalculables, et la bonne renommée de cet habile homme, en attirant chaque jour auprès de lui un plus grand nombre de Mèdes, les accoutumait peu à peu à lui obéir en tout ce qu'il leur commandait, parce que la sagesse est aussi une autorité.

Cependant Déjocès, qui, sous une apparente modestie, cachait une grande ambition, se lassa bientôt de n'être qu'un simple juge de village. Il feignit de se retirer dans un autre pays, pour se dérober à la foule de ceux qui venaient le consulter; mais il ne se fut pas plutôt éloigné, que la Médie tout entière devint le théâtre de malheurs de toute espèce, car de nouvelles querelles s'élevèrent de toutes parts, et donnèrent lieu bientôt à une multitude de meurtres et de batailles.

Alors les plus sages habitants de cette malheureuse contrée allèrent trouver Déjocès, dont le retour semblait être le seul remède à tant de désordres, et le supplièrent à genoux de vouloir bien être leur roi. Celui-ci les refusa d'abord, pour avoir le plaisir de se faire prier ; mais comme, au fond du cœur, il aurait été bien fâché qu'on le prît au mot, il finit par accepter cette royauté, dont il fit bientôt voir qu'il n'était pas indigne.

Cet homme adroit devint ainsi un roi puissant, et fit en peu de temps, de l'empire des Mèdes, une des plus florissantes monarchies de la terre.

735.

D'abord, pour rendre l'humeur de ses sujets plus docile et moins turbulente, il décida un grand nombre d'entre eux à quitter les cabanes qu'ils avaient habitées jusqu'alors, pour construire une grande ville qu'il nomma Ecbatane, où il s'établit avec sa famille, ses trésors et une partie de son peuple, et dont il fit la capitale de son royaume.

Au fond d'un vaste palais, qu'il avait fait entourer de sept murailles peintes de différentes couleurs, au milieu desquelles étaient bâties un nombre infini de maisons, il était informé d'heure en heure de tout ce qui se passait dans les diverses provinces de ses États, que des officiers fidèles et prudents gouvernaient en son nom. La sagesse de ses lois rendit l'empire des Mèdes riche et florissant; et lorsqu'il mourut, après un règne long et glorieux, il laissa la couronne à son fils

690. PHRAORTE, entre les mains duquel devait bientôt périr la puissance que Déjocès avait élevée par sa prudence et son habileté.

L'INVASION DES SCYTHES.

Depuis l'an 690 jusqu'à l'an 606 avant J. C.

Phraorte aurait pu, comme son père, vivre paisiblement à Ecbatane; mais, non content de posséder le royaume de Médie, il fut assez imprudent pour chercher querelle à SAOSDUCHÉUS, roi de Ninive, qui était un prince guerrier et redoutable. A cette époque, ce monarque (que la Bible appelle aussi Nabuchodonosor) gouvernait à la fois le royaume de Ninive et celui de Babylone, dont ASSARHADDON s'était emparé peu d'années auparavant; il commandait à de grandes armées, et indigné d'apprendre que le roi des Mèdes osât s'attaquer à lui, il marcha contre Phraorte, résolu de le faire bientôt repentir de son audace.

En effet, les deux armées n'ayant pas tardé à se rencontrer dans une vaste plaine nommée Ragau, située sur les bords du Tigre, il s'engagea dans ce lieu une terrible bataille, dont l'issue fut bien funeste au prince mède : sa cavalerie prit la fuite, ses chariots furent renversés, et lui-même, étant tombé au pouvoir des ennemis, fut impitoyablement massacré à coups de flèches par l'ordre du cruel Saosduchéus.

Après cela, le vainqueur se retira à Ninive, où il demeura pendant quatre mois entièrement livré à la bonne chère et au repos, avec ceux qui l'avaient suivi dans cette expédition, selon l'usage des Asiatiques, qui, après de grands travaux, ne manquaient jamais de s'abandonner ainsi à la mollesse et à l'oisiveté ; mais il ne s'attendait pas au nouveau péril dont il était menacé.

L'oisiveté, mes enfants, est la plus pernicieuse épreuve que nous puissions subir, à quelque âge de la vie que nous soyons ; elle endort nos bonnes qualités, et fait naître en nous des défauts dont un travail continuel nous préserverait infailliblement. Elle conduit d'ailleurs à la paresse, qui est le plus nuisible de tous les vices, puisqu'elle nous rend même incapables de faire aucun effort pour revenir à la vertu.

Cyaxare Ier, fils de Phraorte, qui avait succédé à son malheureux père, profitant de la mollesse des Assyriens, réunit une nouvelle armée, et se présenta à l'improviste devant Ninive, dont il se flattait déjà d'être bientôt le maître, lorsque des peuples barbares, appelés Scythes, qui habitaient sur les bords d'un grand lac d'eau salée nommé le Palus-Méotide, franchirent les montagnes du Caucase, qui séparent l'Europe de l'Asie, et envahirent complétement la Médie.

635.

Ces peuples scythes étaient d'un aspect effrayant et terrible. Ils ravageaient impitoyablement les contrées qu'ils traversaient, et quoiqu'ils ne connussent point le prix des richesses, ils emportaient avec eux tout ce qui se trouvait sur leur passage, emmenant même quelquefois des nations entières en esclavage.

Cette première irruption des barbares en Asie est un événement très-remarquable, et qu'il ne faudra point oublier. Vous verrez plus tard quels étaient ces peuples qui passaient leur vie en voyages continuels, et combien, par la suite des temps, des nations de la même origine changèrent la face du monde, en renversant les plus puissants empires.

Cependant Cyaxare, accouru au-devant d'eux avec son armée, s'était vainement flatté de les chasser de la Médie. Après une seule bataille, où les Mèdes déployèrent inutilement une grande valeur, les Scythes demeurèrent maîtres des pays qu'ils avaient dévastés, et se répandirent dans toute l'Asie. Cyaxare, complétement défait, fut réduit à chercher son salut dans la fuite; et vingt-huit années s'écoulèrent avant qu'il pût reconquérir la couronne de ses pères, comme je vais vous le raconter.

Les Scythes, qui, depuis leur établissement en Médie, commençaient à devenir moins sauvages, furent invités par les Mèdes à des repas qui devaient avoir lieu le même jour et à la même heure dans toutes les maisons du pays. Ces barbares ne manquèrent pas de se rendre avec empressement à cette invitation ; car ces peuples étaient passionnés pour le vin et la bonne chère, et l'ivrognerie des Scythes était passée en proverbe chez les anciens.

607.

Mais lorsqu'ils se trouvèrent ainsi divisés dans chaque famille, à un signal convenu, les Mèdes, qui étaient les plus nombreux, tombèrent en même temps sur ces malheureux, qui n'avaient aucune défiance, et les égorgèrent sans pitié. Le petit nombre de ceux qui échappèrent à ce massacre se retirèrent dans d'autres contrées, et cette trahison rendit à Cyaxare le trône qu'il avait perdu.

Ce fut, me direz-vous, une effroyable

perfidie, de la part des Mèdes, d'égorger ainsi de pauvres gens qu'ils avaient eux-mêmes invités à s'asseoir à leurs tables : et, en effet, je dois convenir avec vous qu'il eût bien mieux valu décider dans une bataille rangée à laquelle des deux nations appartiendrait l'autre; mais il faut croire que les Mèdes avaient été traités bien cruellement par les Scythes, après leur défaite, pour en venir à une pareille extrémité. C'était, d'ailleurs, une croyance ordinaire aux peuples de l'antiquité, que l'on n'était point tenu à la bonne foi envers les barbares; ce que l'on n'aurait jamais dû penser, puisque tous les hommes sont frères, de quelque pays qu'ils soient, et que Dieu nous ordonne à tous de nous aimer et de nous aider mutuellement.

Sans les cruautés des Scythes, leur assassinat par les Mèdes eût été un crime d'autant plus horrible, même dans ce temps, que chez les anciens les étrangers étaient toujours reçus avec plaisir, et que, lorsqu'ils entraient dans une maison, les femmes, même les plus respectables, s'empressaient de leur laver les pieds et de les servir.

Cet événement inattendu, en replaçant Cyaxare Ier sur le trône de Médie, ranima en lui le dessein qu'il avait formé autrefois de venger sur Saosduchéus la défaite et la mort de son père Phraorte. Ayant déterminé le gouverneur de Babylone, appelé NABOPOLASSAR, à servir sa vengeance, en lui promettant l'empire d'Assyrie après la victoire, ils marchèrent ensemble contre Ninive, dont ils se rendirent maîtres après un combat sanglant, et qu'ils détruisirent de fond en comble. Ainsi périt cette grande ville dont Assur avait été le fondateur, et la puissante Babylone, où Nabopolassar prit le titre de roi, devint la seule capitale du nouvel empire.

606.

LE SONGE DE NABUCHODONOSOR.

Depuis l'an 606 jusqu'à l'an 562 avant J. C.

Écoutez bien à présent l'histoire que je vais vous raconter : sans doute elle est fort surprenante, et même difficile à croire ; mais comme elle est rapportée dans les anciens livres, il ne faut pas que vous l'ignoriez.

Le plus fameux des rois de Babylone fut le fils de Nabopolassar, NABUCHODONOSOR, qui, après avoir saccagé Jérusalem et dévasté le temple de Salomon, emmena le peuple d'Israël en esclavage, ainsi que vous vous souvenez sans doute de l'avoir lu dans l'Histoire sainte.

587.

Ce prince fut aussi grand capitaine que monarque habile, et le royaume de

Judée ne fut pas le seul dont il s'empara par la force des armes. Il fit aussi la guerre aux Égyptiens, et se rendit maître de la superbe Tyr, cette ville d'où je vous ai dit que les anciens tiraient la précieuse couleur de pourpre.

572.

La ville de Tyr était située sur le bord de la mer, dans une province d'Asie que l'on nommait la PHÉNICIE. Les Phéniciens, c'est-à-dire les habitants de cette contrée, furent, dit-on, les premiers marchands et les premiers navigateurs du monde. On leur attribue aussi l'invention des lettres de l'alphabet, qu'ils communiquèrent plus tard aux Égyptiens, et c'est à eux que l'on fait remonter la fondation en Afrique d'une ville célèbre nommée CARTHAGE, dont vous entendrez beaucoup parler dans l'Histoire romaine. Quoi qu'il en soit, Nabuchodonosor s'empara de Tyr après un siége meurtrier qui ne dura pas moins de onze années; il détruisit de fond en comble cette ville industrieuse et commerçante, dont les habitants, après cette catastrophe, se décidèrent à rebâtir leur cité dans une île située à quelque distance du rivage, où ils se flattaient que la mer les mettrait désormais à l'abri des conquérants.

Cependant ce roi, qui s'était illustré par tant de guerres et de conquêtes, avait un défaut qui obscurcissait toutes ses brillantes qualités : je veux parler de son orgueil, qui était vraiment insupportable. Sans doute il est glorieux de remporter des victoires, surtout lorsqu'on sait en user avec modération; il est beau de dominer les autres hommes par de grandes actions et encore plus par de grandes vertus; mais rien ne doit faire perdre de vue que Dieu est bien au-dessus de tous les rois de la terre, et que tous les hommes sont égaux devant sa justice.

Ce fut pourtant une des premières choses que Nabuchodonosor oublia, en voyant que tout paraissait succéder au gré de ses désirs; il ne s'occupait même plus que d'embellir Babylone par des monuments magnifiques, comme l'avait fait autrefois Sémiramis, lorsqu'au milieu de cette incroyable prospérité, un songe effrayant vint troubler son esprit, et lui inspirer des terreurs dont il ne fut pas maître.

Il rêva qu'il voyait devant lui un arbre immense, dont les branches s'élevaient jusqu'aux nuages et semblaient chargées de fruits excellents. Toutes les bêtes de la terre habitaient à l'ombre de ce grand arbre, sur lequel étaient perchés un nombre infini d'oiseaux de toute espèce. Alors une voix sonore et terrible, qui paraissait venir des cieux, retentit à son oreille et prononça ces paroles : « Abattez cet arbre par le pied, coupez-en les branches et dispersez-en les fruits, mais que les racines restent en terre; qu'il soit lié avec des chaînes de fer parmi l'herbe des champs, qu'il paisse la verdure comme les animaux sauvages, qu'on lui ôte son cœur d'homme, et qu'on lui donne pendant sept ans un cœur de bête ! »

Ce songe, à la vérité, pouvait paraître extraordinaire à Nabuchodonosor, qui, sans doute, avait peine à concevoir comment un arbre pourrait paître la verdure, et avoir un cœur d'homme; mais ce n'est pas la première fois que nous voyons, dans les histoires, de grands personnages s'inquiéter ainsi de leurs rêves, quelque bizarres qu'ils nous paraissent, et ceci doit vous rappeler le songe du Pharaon expliqué par Joseph. Il ne faut pourtant pas croire qu'un rêve mérite toujours autant d'importance, puisqu'il dépend souvent de la disposition où nous sommes en nous couchant, que nous en ayons de bons ou de mauvais; mais à cette époque, où Dieu daignait quelquefois faire connaître aux hommes sa volonté toute-puissante, il n'était pas sans exemple non plus qu'il leur adressât de salutaires avertissements par de semblables moyens.

Nabuchodonosor donc, tout troublé, envoya chercher les prêtres de Babylone qui passaient pour les plus habiles dans l'art d'interpréter les songes, et leur ordonna de lui expliquer sans détour celui qui le préoccupait si fortement. Mais ceux-ci, ne sachant que répondre, ne craignirent point de déclarer que toute leur science était insuffisante pour lui en donner une explication raisonnable ; et le sage Daniel, cet Israélite qu'un miracle avait sauvé peu de temps auparavant de la fosse aux lions où Nabuchodonosor lui-même l'avait fait précipiter, ainsi que je vous l'ai raconté dans une autre histoire, fut le seul qui put lui expliquer ce que son rêve signifiait.

« Prince, » répondit Daniel sans hésiter, aussitôt que le roi l'eut fait appeler en sa présence, « cette voix que vous avez entendue, et qui venait du ciel, est celle de Dieu lui-même, qui vous avertit qu'en punition de votre orgueil, vous serez réduit à la condition des bêtes, et que vous paîtrez l'herbe pendant sept années comme un bœuf ; cependant votre royaume vous sera conservé, et, au bout de ce temps, vous redeviendrez un puissant monarque, comme vous l'êtes aujourd'hui. »

Nabuchodonosor ne fit d'abord que

rire de cette explication du prophète; mais, au fond de son âme, il en conserva une inquiétude dont il cherchait vainement à se distraire.

En effet, il y avait à peine un an que ce rêve lui avait causé une si vive inquiétude, lorsqu'un jour, se promenant sur une des terrasses de son palais, d'où il apercevait les somptueux édifices dont Babylone avait été embellie par ses soins, il s'écria, dans un nouvel accès de vanité : « Voilà donc cette grande Babylone que j'ai rendue si magnifique, et qui sera pour jamais un monument de ma gloire! » En disant ces mots, il était presque tenté de se croire une divinité.

Mais un châtiment terrible lui fit voir à l'instant même qu'il n'était qu'un homme, et même un homme coupable aux yeux de Dieu ; car il perdit subitement la raison, et, chassé de son palais, il se trouva réduit, suivant les explications de Daniel, à brouter l'herbe des champs pendant sept années. Ses cheveux crurent et couvrirent son corps, dit-on, comme les plumes d'un aigle, et ses ongles s'allongèrent comme les griffes des oiseaux.

Lorsque le temps marqué par la prophétie fut accompli, les officiers de la couronne allèrent chercher le monarque dans la campagne. Alors il recouvra à la fois la raison et la forme humaine, et redevint, comme auparavant, un prince habile et redoutable; mais cette fois il était corrigé de son orgueil, et reconnaissait que Dieu seul est plus grand que tous les puissants de la terre. Depuis cette époque, son règne fut plus glorieux que jamais; mais après sa mort, la monarchie babylonienne déclina rapidement, et périt avec son dernier roi, BALTHAZAR, sur lequel j'aurai bientôt de nouveaux récits à vous faire.

562.

Cette histoire de Nabuchodonosor, toute merveilleuse qu'elle nous paraît, renferme une sage leçon qu'il ne faudra point oublier : elle nous apprend que l'orgueil est un défaut si condamnable, qu'on ne saurait trop l'éviter, dans quelque position que l'on soit placé, puisqu'il fait perdre la raison aux hommes les plus sensés, en les rendant tout à coup stupides et hors d'état de se conduire eux-mêmes.

L'ANNEAU DE GYGES.

L'an 738 avant J. C.

Outre les trois grands empires qui nous ont occupés jusqu'à présent, il y avait encore en Asie plusieurs autres royaumes, dont celui de Lydie était le plus considérable. Celui-là comprenait la plupart des pays que l'on a nommés depuis l'Asie Mineure, c'est-à-dire cette portion de l'Asie que la mer environne de plusieurs côtés, et qui se trouve séparé du reste de cette partie du monde par le cours de l'Euphrate et par de hautes montagnes connues sous le nom de mont Taurus.

On racontait autrefois sur l'un des plus anciens rois de Lydie, nommé Candaule, une merveilleuse histoire qui ne vous paraîtra peut-être pas sans intérêt.

Ce prince était le mari d'une princesse dont je ne me rappelle plus le nom, mais qui était si belle, qu'il ne cessait, à tout venant, de vanter la beauté de sa femme et de s'en glorifier.

Or, dans presque toute l'Asie, même encore aujourd'hui, il est d'usage que les femmes portent sans cesse un voile, et ne se montrent jamais le visage découvert en présence d'aucun homme, si ce n'est devant leur père ou devant leur mari; elles sortent même rarement de leurs maisons, où elles sont entourées de gardiens sévères qui ne permettent à personne de les approcher, et ce serait la plus grande injure que l'on pût faire à une femme asiatique que de la forcer à lever son voile.

Cependant Candaule avait un ami qu'il croyait digne de toute sa confiance, et auquel il vantait si souvent la beauté de la reine, qu'il inspira à Gygès (c'était le nom de cet ami) un violent désir de connaître la figure de cette princesse. De son côté le roi, qui ne manquait pas d'orgueil, était fort aise de montrer à Gygès que son admiration n'avait rien d'exagéré. Il lui promit un jour de le cacher dans un cabinet, d'où il pourrait la contempler à son aise, lorsqu'elle lèverait son voile devant son mari.

Ce qui fut dit fut fait : Candaule eut l'imprudence de réaliser sa promesse ; mais il eut bientôt à s'en repentir, car la reine, ayant aperçu Gygès lorsqu'il sortait de sa cachette, fut tellement irritée que son mari l'eût ainsi montrée sans voile à un étranger, qu'elle résolut d'en tirer une terrible vengeance.

Elle fit donc appeler secrètement le curieux Gygès, et lui donna le choix d'expier sa faute par sa propre mort ou par celle du roi. Je vous laisse à penser quel fut l'étonnement de cet homme en entendant ce langage ; mais la reine ne lui laissa pas le temps de délibérer, et elle ne lui permit de se retirer que lorsqu'il se fut engagé à faire périr Candaule, aussitôt qu'il le pourrait sans danger.

Ce Gygès possédait, dit-on, une bague qui jouissait d'une singulière propriété. Lorsqu'il tournait du côté de son visage le diamant que portait cet anneau, il devenait aussitôt invisible à tous les yeux, de sorte qu'il pouvait être témoin de tout ce qui se passait dans l'endroit où il était, sans qu'aucun de ceux qui l'entouraient pût se douter qu'il s'y trouvât.

Je n'ai pas besoin de vous dire, mes enfants, que jamais personne n'a possédé d'anneau qui ait pu rendre invisible celui qui le porte à son doigt : mais ce merveilleux récit était fort accrédité dans l'ancien temps, où l'on préférait au simple langage de la vérité tout ce qui paraissait tenir du prodige ; cela veut dire tout uniment que Gygès était tellement fin et rusé, qu'il lui était aisé de tromper la surveillance la plus exercée.

En effet, ce perfide ami, abusant de la confiance que lui témoignait l'imprudent Candaule, surprit et tua ce malheureux prince avec l'aide de la reine, qui, pour prix de son crime, lui donna en même temps la couronne et sa main, afin qu'aucun autre homme que son époux ne pût se vanter d'avoir vu à découvert le visage de la reine de Lydie.

Gygès, après ce meurtre, régna paisiblement sur ce royaume, et longtemps encore après qu'il eut cessé de vivre, on répétait le conte de ce merveilleux anneau qui l'avait élevé au trône.

Cette histoire doit nous apprendre qu'il n'est pas sage de parler à chacun de ce qui ne regarde que nous; le babil de Candaule, autant que sa vanité, fut la cause de son malheur et de sa mort.

CRÉSUS ET SOLON.

Vers l'an 560 avant J. C.

Lorsqu'on parle devant vous de quelqu'un qui possède de grandes richesses, vous avez peut-être remarqué que l'on dit quelquefois : « Cet homme-là est riche comme Crésus. » Eh bien ! je vais vous raconter à présent l'histoire de ce Crésus, qui était aussi roi de Lydie, et l'un des derniers successeurs de l'invisible Gygès.

Ce prince avait un véritable mérite : il aimait les hommes instruits, et prenait plaisir à les attirer auprès de sa personne, pensant avec raison que leur société est toujours profitable à ceux qui savent s'y plaire. Cependant les faveurs de la fortune l'avaient tellement aveuglé, qu'il s'était persuadé que la richesse peut tenir lieu de tout, et qu'il n'y a point d'autre bonheur sur la terre que d'être opulent.

Un sage voyageur arriva un jour dans la ville de SARDES, qui était la capitale du royaume de Lydie. Il se nommait SOLON, et vous verrez, dans un autre livre, qu'il s'était acquis un grand renom en donnant des lois à Athènes, cette ville fameuse, que Cécrops l'Égyptien avait fondée en Grèce bien des années auparavant. Crésus, charmé de recevoir dans ses États un homme d'une si haute importance, lui fit rendre de grands honneurs, et ordonna que l'on déployât devant lui toute la magnificence dont il aimait que son trône fût environné. Mais Solon n'en parut point étonné, habitué comme il l'était à estimer les hommes selon leurs vertus, et non selon leurs richesses.

Le lendemain, Crésus, voulant mettre à profit la présence de cet homme habile, s'empressa d'appeler son hôte auprès de lui, pour jouir du plaisir de sa conversation. Le sage s'y prêta de bonne grâce, quoiqu'il n'aimât point à faire parade de son savoir, et qu'il eût d'ailleurs trop de modestie pour chercher à se faire valoir ; mais il espérait pouvoir donner au roi quelque avis utile à son gouvernement.

Crésus ne manqua pas, selon sa coutume, de parler avec emphase de ses trésors, de ses palais, de son vaste royaume, et demanda ensuite à Solon s'il croyait que, dans le monde entier, il existât un homme plus heureux que lui.

Cette question était bien digne de la vanité dont le roi de Lydie était gonflé, et je dois vous dire qu'il n'y a rien de plus ridicule et de plus ennuyeux pour ceux qui vous écoutent, que de leur parler sans cesse de ses biens, de ses qualités, et en général de sa propre personne. Un pareil langage est toujours la preuve d'un esprit borné et d'un amour-propre que l'on ne saurait cacher avec trop de soin, si l'on ne veut pas se rendre insupportable.

Solon aurait pu faire cette remontrance à Crésus, qui l'avait bien méritée ; mais il se contenta de lui raconter cette histoire :

« Il y avait naguère, dans mon pays, un homme qui toute sa vie avait joui d'un bonheur inconcevable; c'était un simple citoyen d'Athènes, nommé Tellus, qui avait employé toute sa jeunesse à faire du bien à ses semblables, à aider les pauvres, à consoler les affligés, et à ne donner que de bons exemples et de sages conseils. Parvenu à l'âge mûr, il vécut dans une honnête médiocrité, et après avoir eu la satisfaction de voir grandir ses enfants et ses petits-enfants, il mourut glorieusement en combattant pour sa patrie. »

Crésus sourit de pitié en entendant ce langage, car il ne pouvait concevoir quel avait été le bonheur d'un homme obscur, qui ne possédait ni puissance ni richesse; mais, par politesse sans doute, il demanda à Solon si, au moins, après ce Tellus, lui-même ne devait pas être regardé comme le plus heureux des hommes.

« J'ai connu autrefois en Grèce, répondit le sage, deux jeunes gens appelés Cléobis et Biton, que tout le monde aimait, parce qu'ils comblaient de soins et de tendresse leur vieille mère, qui était infirme. Un jour que cette bonne dame était prête à se rendre dans un temple des dieux pour une cérémonie, les bœufs qui devaient traîner son char se faisant attendre, ses deux fils, qui étaient forts et vigoureux, s'attelèrent eux-mêmes à ce char, et le traînèrent jusqu'au temple, où ils arrivèrent au milieu des acclamations de tout le peuple, qui félicitait leur mère d'avoir mis au monde des enfants si vertueux. Cette dame fut touchée d'une si grande joie en entendant les éloges que chacun donnait à ses fils, qu'elle pria les dieux de leur accorder pour récompense ce qu'il y a de meilleur pour les hommes. Son vœu fut promptement exaucé : car le sacrifice était à peine achevé, que les deux frères s'endormirent d'un doux sommeil et moururent d'une mort tranquille. On leur éleva des statues dans le temple même, et leur mémoire fut honorée par toutes les mères, qui souhaitèrent d'avoir de pareils enfants. »

Pour cette fois, Crésus ne put s'empêcher de hausser les épaules et de s'écrier : « Faut-il donc cesser d'exister pour savoir si l'on a vécu véritablement heureux ; et mon bonheur n'est-il pas plus grand que celui de ces deux jeunes gens, sitôt enlevés à la vie, moi qui suis un grand prince, qui possède d'immenses trésors ?... » Et il allait recommencer l'énumération de sa puissance et de ses richesses.

« O roi de Lydie ! interrompit le sage, il ne faut pas croire éternel le bonheur dont vous jouissez aujourd'hui, et personne ne peut se dire heureux avant son dernier jour. » En achevant ces paroles, Solon se retira, et laissa Crésus plus étonné de cette leçon que disposé à en profiter.

Nous verrons bientôt combien Solon avait eu raison de tenir ce langage à Crésus, qui, sans en apprécier tout le mérite, n'avait pu s'empêcher d'admirer la sagesse de l'illustre étranger.

ÉSOPE EN LYDIE.

Depuis l'an 599 jusqu'à l'an 548 avant J. C.

Dans ce temps-là, il arriva que les habitants d'une île voisine du royaume de Crésus, nommée Samos, offensèrent ce prince, qui se préparait à les punir sévèrement en envoyant contre eux une grande armée, lorsque les Samiens, pour apaiser sa colère, députèrent auprès de lui un ambassadeur dont on vantait partout l'adresse et l'esprit.

Cet ambassadeur se nommait Ésope, et si je vous faisais son portrait, peut-être ne pourriez-vous pas vous empêcher de rire, quoique je vous suppose tous trop bien élevés pour railler les défauts naturels.

Ésope, donc, était un petit homme dont les jambes torses, la tête d'une grosseur monstrueuse, et la bouche démesurément large, produisaient au premier aspect l'effet le plus désagréable; mais, tout mal tourné qu'était son extérieur, il était doué d'un esprit si enjoué et d'un caractère si estimable, qu'il se faisait aimer de tous ceux qui le connaissaient.

Quoique, ce jour-là, Ésope fût vêtu d'un magnifique manteau qui cachait une partie de ses difformités, Crésus, en le voyant, ne put s'empêcher de reculer de surprise et d'effroi : « Qu'est ceci ? s'écria-t-il ; les Samiens ont-ils voulu se moquer de moi, en m'envoyant un pareil ambassadeur ? »

Mais la colère fit bientôt place à l'admiration, lorsqu'ayant permis à Ésope d'exposer le sujet de son ambassade, celui-ci, après s'être prosterné devant son trône, selon la coutume des peuples de l'Asie, lui raconta la fable suivante :

« Un homme, qui s'amusait dans son champ à prendre des sauterelles, trouva par hasard une cigale; il allait la tuer comme il avait tué les premières : « Que « vous ai-je fait, lui dit celle-ci, pour me

« traiter si sévèrement ? je ne mange « point votre blé, et ne vous cause aucun « dommage ; car je n'ai que ma voix, « dont je me sers bien innocemment pour « chanter soir et matin. »

« Grand roi, vous êtes l'homme aux sauterelles, et moi, je suis semblable à la chétive cigale; je n'ai que la voix, et je me garderais bien de m'en servir pour vous offenser. »

Crésus fut charmé de cet à-propos. Il releva Ésope avec bonté; mais il se plaignit amèrement des Samiens, contre lesquels il était encore fort irrité. Alors Ésope lui raconta cette autre fable, qui lui causa un si vif plaisir, qu'il eut bientôt oublié son ressentiment :

« Un jour, les loups et les brebis, lassés de se faire la guerre, conclurent un traité de paix. Les maîtres loups promirent aux brebis qu'ils les laisseraient paître tranquillement dans les prairies, si elles voulaient leur livrer les chiens qui gardaient le troupeau; les crédules brebis y consentirent. Mais dès que les loups eurent les chiens en leur puissance, ils les étranglèrent sans rémission ; et tombant aussitôt sur les moutons, qui n'avaient plus leurs fidèles gardiens, ils les dévorèrent tous jusqu'au dernier. »

« C'est vous, ô roi ! qui êtes le loup ; et moi, je suis le chien fidèle qui viens défendre le peuple de Samos : voudriez-vous donc punir ce peuple, à présent que son gardien est entre vos mains ? »

Le roi s'amusa beaucoup de cette fable, qu'il pria Ésope d'écrire pour lui, ainsi que plusieurs autres qu'il avait composées ; car Ésope était l'auteur d'un grand nombre de ces contes charmants, où il fait habilement parler les animaux pour l'instruction des hommes. Crésus, en sa considération, pardonna aux Samiens leurs injures, et pour décider Ésope à demeurer en Lydie, il le combla de tant d'honneurs et de bienfaits, que celui-ci consentit à se fixer dans ce royaume.

Cet homme, tout contrefait qu'il était, méritait une si haute fortune, tant il avait d'esprit et de savoir. Né dans la plus infime de toutes les conditions, puisqu'il avait été vendu comme esclave, sa difformité l'avait souvent rendu le jouet de ceux même qui partageaient son esclavage ; mais son mérite le tira de la servitude, et devint ensuite la cause des faveurs que Crésus se plut à lui prodiguer. Ce prince n'eut d'ailleurs jamais à regretter ces bienfaits, parce qu'Ésope le servit avec fidélité de ses conseils et de ses lumières, et lui témoigna tant qu'il vécut une profonde reconnaissance.

Cet Ésope, dont je vous parle ici, est celui qui a composé de si jolies fables, que vous connaissez sans doute déjà. Lorsque vous les lirez de nouveau, rappelez-vous que cet ingénieux écrivain non-seulement nous donne de bonnes leçons dans ses contes, mais que pendant sa vie il donna aussi de bons exemples.

LA JEUNESSE DE CYRUS.

Depuis l'an 599 jusqu'à l'an 560 avant J. C.

Astyage, roi des Mèdes, qui avait succédé à son père Cyaxare Ier, le destructeur de Ninive, avait marié sa fille Mandane au roi des Perses, dont il était le voisin et l'ami.

Dans ce temps-là, le royaume des Perses n'était point, comme il le devint depuis, un vaste et puissant empire; c'était, au contraire, un tout petit pays, que l'on aurait pu compter pour peu de chose, s'il n'eût été habité par un peuple robuste et courageux.

Chez les Perses, c'était l'usage que tous les enfants, sans en excepter les princes, fussent élevés dès leur plus bas âge dans les écoles publiques, où ils apprenaient à manier les armes, et à s'en servir adroitement ; mais ce qu'on leur enseignait avec le plus grand soin, c'était la docilité, la patience, et surtout la sobriété, dont les maîtres faisaient le principal objet de leurs leçons, parce que cette dernière qualité conduit à toutes les autres vertus. Aussi, pour les y accoutumer de bonne heure, on ne donnait aux jeunes Perses, pour toute nourriture, que du pain, de l'eau et du cresson, petite herbe qui croît naturellement près des sources d'eau vive, et dont vous n'ignorez pas sans doute que le goût âcre n'a rien de succulent.

Or, il arriva que la princesse Mandane, devenue femme du roi des Perses, mit au monde un petit garçon auquel on donna le nom de CYRUS.

Cet enfant, dès le plus bas âge, annonça les plus heureuses dispositions, que Mandane, en bonne mère, ne manqua pas de cultiver, en le faisant élever à l'école publique que fréquentaient les autres petits Perses ; et nous verrons tout à l'heure si le jeune prince profita des leçons qui lui furent données.

Cyrus venait d'atteindre l'âge de douze ans, lorsque Mandane le conduisit chez son grand-père Astyage, qui l'accueillit avec tendresse, et le trouva aimable et bien élevé, comme il l'était en effet. Le jeune prince, au contraire, fut tout étonné de voir son aïeul, le visage peint de différentes manières, les sourcils relevés, les yeux coloriés, et la tête chargée de cheveux qui ne lui appartenaient pas. Outre cela, le vieillard était vêtu d'une longue robe de pourpre, et surchargé de colliers et de bracelets, suivant l'usage pratiqué chez les Mèdes.

A la vue de cet accoutrement ridicule, Cyrus, qui n'avait jamais rien vu de semblable dans son pays, éprouva une grande surprise; mais il était trop discret et trop respectueux pour en rien témoigner devant son grand-père, auquel il aurait été d'ailleurs désolé de faire de la peine. Aussi ses gentillesses et ses reparties amusèrent tellement le vieux roi, que son plus grand désir eût été de garder auprès de lui cet aimable enfant, qu'il s'efforça de retenir le plus longtemps possible à sa cour, en lui offrant chaque jour de nouveaux spectacles et de nouveaux divertissements.

Un jour que, dans un festin somptueux qu'Astyage avait fait servir pour son petit-fils, Cyrus regardait avec dédain les mets délicats dont la table était couverte, le roi lui demanda avec bonté s'il n'avait point d'appétit : « Mon grand-papa, lui répondit Cyrus, je ne suis point accoutumé à de si magnifiques repas; et dans mon pays, quand nous avons faim, nous nous rassasions avec du pain et du cresson. »

Astyage sourit de l'extrême sobriété de cet enfant, et pour voir jusqu'où irait sa raison, il lui permit de distribuer aux officiers qui étaient présents tous les plats qui couvraient la table du banquet. Cyrus ne se le fit pas dire deux fois, et, sans témoigner le moindre regret, il répartit entre tous les assistants les mets les plus exquis, dont la plupart avaient si bonne mine qu'ils eussent certainement tenté tout autre enfant de son âge. Un officier, nommé Sacas, fut le seul qui n'eut point de part aux largesses du petit prince.

Or ce Sacas était l'échanson du roi, c'est-à-dire avait pour fonctions, auprès de ce prince, de lui verser à boire, ce dont il s'acquittait avec beaucoup de dextérité. Astyage, témoignant quelque peine à Cyrus qu'il eût fait cet affront à cet officier, ajouta que personne n'était plus habile que Sacas à remplir sa coupe, et qu'ayant apprécié depuis longtemps l'utilité de son service, il avait pris pour lui une affection toute particulière.

« S'il ne faut que cela, mon papa, répondit Cyrus, pour obtenir vos bonnes grâces, je les aurai bientôt gagnées; car je me fais fort de vous servir tout aussi adroitement que ce serviteur que vous aimez tant. »

Aussitôt le petit Cyrus est équipé en échanson, et le voilà qui s'avance gravement, la serviette sur l'épaule, tenant bien délicatement entre ses doigts la coupe royale, qu'il présente à Astyage avec une grâce dont tous les assistants sont charmés. Cyrus, sautant de joie, s'écriait : « Pauvre Sacas, je vais être échanson à ta place! » lorsque son grand-père, l'appelant auprès de lui pour l'embrasser : « Mon fils, je suis content de vous, lui dit-il, vous êtes un habile échanson ; mais vous avez oublié une cérémonie importante, c'est de goûter le vin avant de le verser.

— Ce n'est point du tout par oubli, répondit Cyrus, que je ne l'ai point fait ; mais j'ai craint que cette liqueur ne fût empoisonnée.

— Empoisonnée! s'écria le roi, et comment cela ?

— Oui, mon papa ; car il n'y a pas longtemps que, dans un repas que vous donniez aux seigneurs de votre cour, je vis bien qu'après avoir bu de cette liqueur rouge, la tête tournait à tous les convives. L'un criait, l'autre chantait, tout le monde parlait à tort et à travers : vos convives semblaient avoir oublié que vous étiez leur roi, et vous-même qu'ils étaient vos sujets ; enfin, vous voulûtes vous mettre à danser, et vos jambes refusèrent de vous soutenir.

— Comment ! reprit Astyage, n'avez-vous jamais vu votre père dans un pareil état ?

— Jamais, répondit l'enfant.

— Et pourquoi donc ?

— C'est que quand il a bu, il cesse d'avoir soif, et voilà tout ce qui lui arrive. »

Astyage fut charmé de la sagesse de son petit-fils, qui donnait ainsi à ses courtisans, et à lui-même, une leçon de tempérance dont ils parlèrent longtemps, mais qu'ils ne manquèrent pas d'oublier la première fois qu'ils se retrouvèrent à table avec le bon vin d'Assyrie.

Le petit Cyrus resta quelque temps encore chez son grand-père pour se perfectionner dans l'art de monter à cheval, qui n'était pas en usage chez les Perses, parce que leur pays, aride et coupé de hautes montagnes, ne leur permettait pas d'élever et de nourrir des chevaux, comme les pâturages de la Médie.

LA BATAILLE DE THYMBRÉE.

Depuis l'an 560 jusqu'à l'an 548 avant J. C.

Cyrus, étant devenu roi des Perses 560. après la mort de son père, fut, comme il l'avait fait présumer dès sa jeunesse, un prince accompli et rempli de belles qualités. Il rendit ses sujets heureux, et, par son courage à la guerre, il devint plus tard le fondateur du plus puissant empire qui eût existé en Asie, depuis le temps des premiers Assyriens.

Mais voilà que le roi de Babylone ayant eu querelle avec le roi des Mèdes, celui-ci appela à son secours son neveu Cyrus; car le vieux Astyage, étant mort, avait eu pour successeur son fils CYAXARE II, frère de Mandane.

Cyrus se mit aussitôt en marche avec

son armée, peu nombreuse à la vérité, mais dans les rangs de laquelle il comptait beaucoup de ces jeunes Perses qui avaient été élevés avec lui dans les écoles publiques, et qu'il connaissait tous par leur nom. Aussi était-il adoré du moindre de ses soldats, dont il avait été l'ami et le compagnon, longtemps avant d'être leur roi. Cyaxare le reçut avec une grande joie, et tous deux se préparèrent à marcher contre les Babyloniens, auxquels, pour son malheur, s'était joint Crésus, ce roi de Lydie que vous connaissez déjà. C'était encore son insupportable vanité qui l'avait porté à se mêler de cette guerre ; car il méprisait également les Perses à cause de leur pauvreté, et les Mèdes à cause de leur mollesse.

Cyrus, ayant appris que le roi de Lydie avait réuni une armée considérable auprès d'un bourg nommé Thymbrée, peu éloigné de la ville de Sardes où étaient gardés les trésors de Crésus, marcha rapidement vers cette capitale ; et, quoiqu'il n'ignorât pas que les ennemis fussent au moins deux fois plus nombreux que ses soldats, il n'hésita point à engager dans cet endroit une bataille dont il ne faudra pas oublier le nom, parce qu'elle décida de l'empire de l'Asie entre les Babyloniens et les Perses, et causa la ruine totale du royaume de Lydie.

548.

En effet, cette bataille de Thymbrée fut sanglante et acharnée, et Cyrus y déploya une grande valeur; mais son cheval s'étant abattu au plus fort du combat, peu s'en fallut que ce prince courageux ne fût pris ou tué dans la mêlée. Cependant cet accident ne fit que retarder de quelques instants la défaite des Lydiens; le roi se releva de sa chute, et dès qu'il reparut à la tête des Perses, les soldats ennemis prirent la fuite et se dispersèrent devant lui. Leurs chariots de guerre, armés de faux tranchantes, furent mis en pièces; leurs tours roulantes, remplies de soldats, furent renversées, et Crésus lui-même, abandonnant le champ de bataille, après avoir vainement tenté de rallier les fuyards, se vit réduit à chercher un asile derrière les murs de Sardes, où il ne tarda pas à reconnaître que ses trésors lui étaient devenus inutiles.

Cyrus, qui le poursuivait, se présenta bientôt lui-même devant les murailles de cette ville ; et tandis que Crésus s'efforçait encore de défendre son palais, le vainqueur, déjà maître de toutes les portes, ordonnait que chaque habitant de Sardes lui apportât son or et son argent, en promettant que si l'on obéissait, il ne serait fait aucun mal à personne, non plus qu'aux femmes et aux enfants.

Je dois vous faire remarquer à cette occasion, mes enfants, que dans ce temps c'était l'usage, lorsqu'une ville était prise par les ennemis, que le vainqueur s'emparât de tout ce qu'elle renfermait de précieux ; les habitants eux-mêmes étaient partagés entre les soldats, qui les réduisaient en esclavage, et les vendaient ensuite comme des bêtes de somme à ceux qui se présentaient pour les acheter. Cyrus, en accordant aux Sardiens la vie et la liberté, se montrait donc fort généreux, puisqu'il n'exigeait pour ses troupes que les choses précieuses qu'ils avaient en leur possession.

Au milieu d'un si grand désastre, le malheureux Crésus, voulant au moins mourir avec gloire, résolut de tenter encore une fois le sort des armes; mais dans la lutte un soldat perse, qui ne le connaissait pas, ayant levé son sabre sur la tête du monarque, allait peut-être le tuer d'un seul coup, lorsqu'un jeune fils de Crésus, qui était muet de naissance, en voyant son père menacé d'un si grand péril, fit un effort qui lui délia la langue et s'écria : « SOLDAT, NE TUE POINT CRÉSUS! »

Aussitôt le soldat abaissa son sabre, et se contentant de désarmer le monarque lydien, le conduisit devant Cyrus, qui, pour prix de cette action, lui fit donner une forte récompense.

L'histoire de ce jeune muet, à qui sa

tendresse filiale fit tout à coup recouvrer la parole, n'est-elle pas bien touchante et bien extraordinaire? Elle doit vous apprendre tout ce que peuvent les efforts d'un bon fils pour l'auteur de ses jours, puisque l'émotion de ce jeune homme produisit en cet instant ce qu'il n'avait pu obtenir depuis qu'il était au monde. Ce pauvre enfant, qui n'avait jamais pu jusqu'à ce jour parvenir à articuler un seul mot, se trouva ainsi récompensé de sa tendresse envers son père; car, depuis ce moment, sa langue resta entièrement déliée, et il continua de s'exprimer aussi clairement que s'il n'eût jamais été affligé de cette cruelle infirmité.

Ce fut alors qu'en se voyant chargé de chaînes et traîné devant son ennemi victorieux, Crésus, qui la veille encore était un des plus puissants rois de l'Asie, ne put s'empêcher de faire un triste retour sur lui-même, et de reconnaître, mais trop tard, que ce n'est pas assez pour un prince de posséder des trésors, s'il n'est en même temps assez sage pour s'en servir utilement.

Malheureusement, dans ce temps barbare, il n'était que trop ordinaire qu'un conquérant abusât cruellement de sa victoire, en mettant à mort l'ennemi que le sort des armes avait fait tomber en sa puissance. Crésus, condamné à un horrible supplice, était déjà près de monter sur un bûcher où il devait être brûlé vif, lorsqu'il se souvint de cette belle leçon que Solon lui avait donnée autrefois, en l'assurant qu'aucun homme ne peut se dire heureux avant son dernier jour, et ceux qui l'entouraient l'entendirent s'écrier à plusieurs reprises : « Solon ! Solon ! vous me l'aviez bien dit. »

Cyrus, qui n'était point éloigné, ayant appris cette exclamation, voulut savoir ce qu'elle signifiait. Il se fit amener aussitôt le prince captif, qui lui raconta en peu de mots les excellents avis qu'il avait reçus du sage Solon, ajoutant que s'il les eût suivis, il ne se verrait pas aujourd'hui réduit à une si douloureuse extrémité. « Et moi, lui répondit Cyrus, je prétends me montrer envers vous plus juste que la fortune ne l'a été, car non-seulement je vous accorde la vie, mais encore je veux que vous continuiez d'être honoré comme un grand roi doit l'être. »

En effet, Crésus, rétabli dans son palais où l'amitié de Cyrus le suivit, s'aperçut bientôt qu'il n'avait jamais été plus heureux que depuis la perte de ces trésors qu'il regardait auparavant comme la source de toute félicité, mais qui n'avaient, en réalité, servi qu'à préparer sa ruine.

Ainsi Solon eut la gloire, par ses sages conseils, d'avoir sauvé la vie à l'un des deux rois, en donnant à l'autre l'occasion de faire une action plus éclatante qu'une grande victoire ou la conquête d'un empire.

Cette histoire nous apprend, mes enfants, que la richesse n'est un véritable bienfait de la Providence que lorsqu'on sait en faire un bon usage, sans lequel elle devient plus nuisible qu'utile, surtout si elle inspire à ceux qui la possèdent un sot orgueil qui les rende sourds aux plus sûrs avertissements de la sagesse.

LE FESTIN DE BALTHAZAR.

Depuis l'an 548 jusqu'à l'an 529 avant J. C.

Il ne manquait plus à Cyrus, pour satisfaire son ambition, que de devenir le maître de Babylone; car ce prince guerrier n'était pas exempt de cette passion, qui fait quelquefois les hommes illustres, mais qui cause aussi de grands malheurs aux nations.

A cette époque, le roi de Babylone était Balthazar, le dernier successeur de Nabuchodonosor. C'était un prince efféminé, adonné au vin et à la débauche, et renouvelant, pour ainsi dire, toutes les bassesses qui avaient déshonoré Sardanapale. Les fatigues de la guerre et les soins du gouvernement lui étaient également insupportables, et il ne connaissait pas de plus grand malheur que de manquer un seul des festins magnifiques qu'il faisait servir chaque nuit dans son palais, quoiqu'il n'ignorât pas l'approche de l'armée de Cyrus.

538. Un soir que Balthazar traitait splendidement dans un repas les principaux seigneurs de Babylone et les plus belles dames de sa cour, il lui prit fantaisie de se faire verser à boire dans les vases d'or et d'argent que Nabuchodonosor, son père, avait enlevés autrefois au temple de Jérusalem. Mais à peine eut-on apporté ces vases, dont le travail et la matière étaient également précieux, qu'on vit tout à coup une main tracer sur la muraille de certains caractères qu'aucun des assistants ne put déchiffrer.

Balthazar, effrayé de ce prodige, appela aussitôt auprès de sa personne les prêtres de Baal, idole que les Babyloniens adoraient, ses devins, gens faisant métier de dire la bonne aventure, et enfin ses astrologues, qui prétendaient lire dans les astres ce qui devait arriver sur la terre : mais aucun de ces savants personnages ne put lui expliquer les caractères que la main miraculeuse avait tracés sur la muraille.

Alors la reine, qui, à la première nouvelle de ce prodige, était accourue dans la salle du festin, supplia Balthazar de mander devant lui le sage Daniel, qui avait expliqué autrefois le songe de Nabuchodonosor.

Daniel était vieux dans ce temps-là, mais il n'avait point perdu le don d'interpréter les choses qui paraissaient le plus inintelligibles aux autres hommes. Dès qu'il eut jeté les yeux sur la mystérieuse inscription, il s'écria que ces paroles étaient écrites dans la langue et avec les lettres des Hébreux, et qu'elles devaient se prononcer ainsi :

Mané, Thécel, Pharès.

Et comme Balthazar le pressait de lui en donner l'explication :

« Cela veut dire, ô roi, lui répondit Daniel, que Dieu a marqué la fin de votre règne, que vous avez été pesé dans sa balance, et que votre royaume va être divisé et appartenir aux Mèdes et aux Perses. »

Vous comprendrez sans peine que cette réponse n'était point faite pour dissiper les craintes de l'assemblée, et tous les convives se regardèrent d'un air consterné; mais Balthazar, qui ne croyait pas que de si grands malheurs pussent être aussi prochains, ordonna que l'on continuât à se divertir, et défendit que de toute la nuit on s'occupât de choses raisonnables. Lui-même donna l'exemple en se remettant à boire, et l'on n'entendit plus dans le palais et dans les jardins que les éclats de rire et le son des instruments de musique.

Cependant les soldats de Cyrus, qui étaient parvenus aux portes de la capitale, ayant appris que cette nuit même Babylone tout entière, à l'exemple de son roi, était plongée dans le tumulte d'une fête, profitèrent d'une circonstance si favorable, et, pénétrant tout à coup dans la ville au milieu de ce désordre, s'en rendirent maîtres presque sans combat.

Aux premières rumeurs de cette brusque surprise qui vint troubler les joies du festin royal, Balthazar, à moitié ivre, voulut courir à la rencontre des ennemis, à la tête de quelques gardes qu'il avait rassemblés; mais il n'eut pas le temps de tenter le sort des armes, et fut tué par les Perses avec presque tous ceux qui avaient été ses convives.

Ainsi la prédiction de Daniel fut réalisée à l'instant même : la fameuse Babylone devint la proie des Mèdes et des Perses, qui détruisirent une partie de ses édifices les plus remarquables; et de cette vaste enceinte qui avait été l'une des merveilles du monde, les successeurs de Cyrus firent un parc immense où ils enfermèrent des bêtes sauvages, pour se donner le plaisir de la chasse.

La mort de Balthazar mit fin à l'empire babylonien, que Nabopolassar avait fondé après la ruine de Ninive; Cyrus le réunit à la Perse et à la Médie, dont il hérita peu de temps après, par la mort de son oncle Cyaxare II. Ce prince devint ainsi l'un des plus puissants rois de la terre, et il donna à ce magnifique empire le nom de royaume des Perses.

L'un de ses premiers soins, après la prise de Babylone, fut d'appeler auprès de sa personne le sage Daniel, dont il avait souvent entendu vanter le mérite. Il le rendit dépositaire de toute sa confiance, et ce fut même à sa considération qu'il permit aux Israélites, que Nabuchodonosor avait emmenés en captivité soixante et dix ans auparavant, de retourner dans leur pays, où il les autorisa à rebâtir le temple de Jérusalem, ainsi que cela avait été prédit autrefois par les prophètes.

536.

Cyrus, que ses belles et nombreuses qualités rendaient vraiment digne de sa haute fortune, remplit sa vie entière d'actions louables et généreuses; et comme il avait été sobre et frugal dans sa jeunesse, il conserva jusqu'à l'âge le plus avancé toute la vigueur d'un esprit sain, unie à l'activité d'un corps robuste.

Parvenu à la vieillesse, ce prince, en qui les années n'avaient point éteint la passion de la gloire et des conquêtes, entreprit une expédition lointaine contre une nation guerrière, appartenant à ces peuples scythes, dont vous vous rappelez la formidable irruption en Asie, un siècle auparavant. Mais attiré par THOMYRIS, leur reine, dans une embuscade, il périt en combattant, avec la plupart de ceux qui l'accompagnaient.

L'histoire de ce conquérant est trop remarquable pour que je ne vous engage pas à l'étudier avec soin, et vous ne pourriez pas dire que vous avez entendu raconter l'histoire ancienne, si vous ne vous rappeliez pas toujours les principaux traits de la vie du grand Cyrus.

CAMBYSE EN ÉGYPTE.

Depuis l'an 529 jusqu'à l'an 521 avant J. C.

Cyrus, en mourant, avait laissé deux fils, dont l'aîné se nommait Cambyse, et le plus jeune Smerdis.

Cambyse, qui succéda à son père sur le trône de Perse, ne lui ressemblait en aucune manière. C'était un prince brutal, emporté, et qui semblait réunir tous les défauts qui font les mauvais rois. Outre cela, loin d'imiter la simplicité de Cyrus dans ses vêtements et sa nourriture, il avait adopté et introduit chez les Perses toutes les coutumes des Babyloniens et des Mèdes, qui avaient paru si ridicules autrefois au jeune Cyrus, à la cour de son grand-père Astyage.

Ainsi Cambyse ne se montrait en public que le visage fardé, les sourcils peints, le cou tout chargé de chaînes d'or et les bras de bracelets de pierreries. Vêtu d'une robe de pourpre brodée et traînante, sa coiffure ordinaire était une tiare ornée de gros diamants et de pierres précieuses de toutes couleurs. Ce goût pour les ornements et la magnificence passa promptement, comme cela arrive toujours, du palais du prince chez les moindres de ses sujets, et, en peu d'années, les Perses devinrent aussi efféminés et aussi méprisables que les ennemis qu'ils avaient vaincus.

Cependant Cambyse ayant envoyé demander au roi d'Égypte de lui donner une de ses filles en mariage, AMASIS, c'était le nom de ce prince, qui avait entendu parler du mauvais naturel du roi des Perses, la lui refusa formellement.

Celui-ci, indigné d'un pareil refus, qu'il regarda comme une injure mortelle, jura d'en tirer une vengeance éclatante; et l'un de ses premiers soins, après être monté sur le trône, fut de porter la guerre dans cette contrée, avec une armée qui traînait derrière elle, sur des milliers de chariots, des tentes magnifiques et toutes les choses nécessaires aux douceurs de la vie. Cambyse avait ordonné, particulièrement, de veiller à ce que rien ne manquât à sa cuisine, qui voyageait sur des chameaux, et était toujours bien approvisionnée.

Pour pénétrer en Égypte, les Perses étaient obligés de traverser les déserts de l'Arabie Pétrée, qui séparaient les deux empires, et cette grande armée eût infailliblement péri de soif dans ce trajet, si un roi arabe ne se fût engagé à lui fournir de l'eau pendant qu'elle parcourait cette contrée aride. C'était le même désert brûlant et desséché où les Israélites errèrent pendant quarante ans après leur sortie d'Égypte, et où Moïse, par un miracle de la toute-puissance divine, fit jaillir l'eau du rocher d'Horeb, ainsi que le rapporte l'Histoire sainte.

Il fallut donc que des chameaux apportassent de très-loin, dans des outres de peaux de bêtes, toute l'eau nécessaire à un si grand nombre d'hommes et de chevaux dévorés par un soleil ardent, et marchant péniblement sur le sable brûlant qui couvre l'Arabie. Ainsi secondé par l'utile secours du prince arabe, Cambyse put parvenir sur les frontières d'Égypte, où il apprit en arrivant que son ennemi Amasis n'existait plus, mais que son fils PSAMMÉNITE, qui venait de lui succéder, se préparait à combattre les Perses avec une armée considérable.

En effet, les deux rois ne tardèrent pas à se trouver en présence, et Cambyse s'avisa d'un stratagème qui jeta le désordre parmi ses ennemis et lui donna la victoire. Il plaça en avant de ses soldats un nombre infini de chats, de chiens et d'autres animaux que les Égyptiens honoraient comme des divinités; de sorte que ces derniers, n'osant point se servir de leurs armes, de peur de tuer quelques-uns de leurs dieux, furent aisément mis en déroute par les Perses qui en firent un grand carnage.

Cette victoire, qui ouvrait l'Égypte à Cambyse, fut suivie de la prise de Péluse et de presque toutes les villes de ce pays, et Psamménite lui-même tomba avec ses fils au pouvoir du vainqueur.

Dans ce moment, le roi des Perses avait envoyé un héraut à Memphis pour inviter les habitants de cette grande ville à se rendre sans combat ; ceux-ci, transportés de rage contre les Perses, se jetèrent sur ce héraut et le mirent en pièces, ainsi que tout l'équipage du vaisseau qui l'avait amené sur le Nil.

Or il faut que vous sachiez que chez les peuples, même les plus barbares, la personne d'un héraut est inviolable et sacrée, c'est-à-dire qu'il est défendu, par toutes les lois divines et humaines qui régissent les nations, de faire le moindre mal aux officiers chargés de ce ministère.

Aussi Cambyse, à la première nouvelle de cet attentat, se livra-t-il à l'un de ces accès de fureur qui lui étaient ordinaires, et ordonna que l'on mît à mort sur-le-champ dix fois autant d'Égyptiens qu'il y avait eu de Perses égorgés sur le navire du héraut; l'un des fils de Psamménite fut du nombre des victimes, et ce prince lui-même, que Cambyse avait d'abord traité avec douceur, fut condamné à boire du sang de taureau, qui le fit mourir à l'instant. La ville de Memphis, en punition du crime de ses habitants, fut abandonnée à la vengeance des vainqueurs, et saccagée par eux de fond en comble.

Ce terrible exemple ayant jeté la terreur dans le reste de l'Égypte, Cambyse se trouva bientôt possesseur de ce royaume, qui demeura pendant longtemps l'une des provinces de l'empire des Perses. Mais vous allez voir quel mauvais usage il fit de sa victoire.

Impatient de satisfaire la haine qu'il portait encore à la mémoire d'Amasis, il fit arracher son cadavre de la pyramide où il avait été déposé, suivant l'usage d'Égypte, et ordonna qu'on le jetât au feu avec ignominie, ce qui était le plus grand affront que l'on pût faire à un Égyptien, aux yeux de ses concitoyens qui attachaient un si grand prix aux honneurs funèbres. Cette violation d'un tombeau, objet du respect de toutes les nations du monde, était d'ailleurs l'action d'un furieux et d'un insensé pour qui rien n'était plus sacré.

Dans un autre accès de colère, ayant aperçu le bœuf Apis, auquel les Égyptiens rendaient les honneurs divins, comme vous savez, il se jeta sur cet animal, et le blessa brutalement d'un coup d'épée, dont il mourut peu de temps après. Cette action, qui parut un épouvantable sacrilége au peuple d'Égypte, irrita toute cette nation contre Cambyse ; et lorsque, par la suite, ses fureurs dégénérèrent en folie, les prêtres ne manquèrent pas d'attribuer cet état violent à la juste vengeance de la divinité qu'il avait outragée.

Le bœuf Apis, que Cambyse avait frappé de mort, n'était certainement pas un dieu ; mais le roi avait choqué par là les croyances de tout ce peuple, qui en conserva un profond ressentiment. Il n'est pas sage d'ailleurs de heurter ainsi les idées de personne, même lorsqu'elles nous paraissent absurdes et extravagantes ; ce n'est que par la douceur et la persuasion, et jamais par les persécutions et la violence, que l'on doit chercher à éclairer les ignorants.

Cambyse, à qui l'invasion de l'Égypte venait de donner le goût des conquêtes, avait souvent entendu parler d'un peuple d'Afrique, connu sous le nom d'AMMONIENS, dont le pays était séparé de cette contrée par des déserts semblables à ceux de l'Arabie Pétrée, mais beaucoup plus étendus. D'immenses plaines de sable, sans cesse desséchées par un soleil brûlant, et où l'on ne rencontre ni un arbre pour s'abriter, ni une goutte d'eau pour se rafraîchir, semblaient devoir préserver les Ammoniens de l'invasion des Perses, lorsque Cambyse, n'écoutant que sa folle ambition, envoya une partie de son armée pour s'emparer de leur pays.

Mais à peine ses soldats se furent-ils avancés dans ces vastes solitudes, que des maux de toute espèce vinrent les assaillir. Dévorés par la chaleur ou mourant de soif, on les vit pendant plusieurs jours se traîner dans les sables desséchés, puis, accablés par tant de souffrances, tomber en grand nombre pour ne plus se relever. Les plus robustes et les plus courageux poursuivirent seuls leur entreprise, soutenus par l'espoir d'atteindre enfin les Ammoniens, dont on leur avait assuré que le sol était couvert d'une riche verdure, et produisait en abondance les fruits succulents du dattier et la liqueur du palmier, sortes d'arbres qui ne croissent que sous les climats les plus chauds du monde. Mais ils avaient beau marcher, toujours marcher, ils ne touchaient point encore au terme de ce funeste voyage.

Quelquefois, comme pour ajouter encore à l'horreur de leur situation, plusieurs d'entre eux s'imaginaient tout à coup découvrir dans le lointain un lac ou une large rivière, dont les bords étaient ombragés par une forêt verdoyante; il leur semblait déjà distinguer la fraîcheur et la transparence de l'eau, dont une seule goutte eût suffi pour leur sauver la vie : aussitôt ils couraient en foule, impatients de se plonger dans cette onde bienfaisante pour s'en abreuver à longs traits; mais lorsqu'ils arrivaient tout haletants à la distance où ils avaient cru la reconnaître, ils n'apercevaient plus devant eux, à perte de vue, qu'un sable blanc, que leurs yeux, trompés par un fatal prestige, leur avaient montré de loin comme une grande nappe d'eau. Cette illusion, mes enfants, qui trompait si cruellement les malheureux soldats de Cambyse, n'était point un vain fantôme de leur vue troublée; c'était un phénomène de la lumière, ordinaire dans les déserts de l'Afrique, où il est connu sous le nom de MIRAGE. Lorsque vous serez plus avancés dans vos études, on vous expliquera la cause de cette erreur de nos yeux, et vous comprendrez alors combien il est dangereux de s'y abandonner. Parfois aussi il arrive que d'effroyables tourbillons s'élèvent tout à coup dans ces plaines arides, et, soulevant des montagnes de sable, engloutissent les voyageurs qui ont l'imprudence de s'y exposer.

Ce fut précisément le sort de l'armée que Cambyse envoyait contre les Ammoniens. Elle n'eut d'autres ennemis à combattre que les vents du désert de LIBYE (c'est le nom du désert qui environne le pays de ces peuples) ; mais elle y demeura ensevelie tout entière, et il n'en resta pas même un soldat pour raconter en Égypte la nouvelle de ce désastre.

Pendant ce temps, l'insensé Cambyse, selon l'usage des peuples asiatiques, envoyait en présent au roi d'Éthiopie des bracelets d'or, des vêtements de pourpre et des parfums précieux, auxquels il avait joint quelques flacons du vin le plus exquis. Mais le prince barbare ne fit aucun cas de ces divers cadeaux, à l'exception du vin, dont il goûta avec plaisir ; car, à cause de la chaleur du climat, les vêtements de pourpre lui étaient inutiles,

les bracelets d'or ne lui semblaient que de vains ornements de femme : quant aux parfums, des marchands d'Arabie lui en avaient souvent apporté qui lui paraissaient préférables. Cependant l'Éthiopien voulut, à son tour, faire à Cambyse un présent de son pays, et lui envoya un arc si grand et si dur, qu'il fallait un homme d'une force prodigieuse pour le tendre, l'avertissant en même temps que les Perses ne devaient pas songer à vaincre les peuples d'Éthiopie jusqu'à ce qu'ils pussent se servir de cette arme, dont l'usage était terrible entre les mains de ces derniers.

Cambyse, irrité de cette réponse, marcha en furieux contre les barbares, et pour cette fois, il n'eut pas même la satisfaction de les apercevoir ; car son armée, se trouvant sans provisions dans une contrée entièrement stérile, fut bientôt réduite à se nourrir de tout ce qu'elle rencontrait d'herbes et de racines, puis à manger les chevaux et les bêtes de somme ; puis enfin, on vit des Perses poussés par la faim à l'horrible extrémité de se dévorer les uns les autres. Quant à Cambyse, comme les chameaux qui portaient ses provisions et ses cuisiniers le suivaient partout, sa table continua d'être servie avec magnificence, tandis que ses malheureux soldats expiraient à ses pieds de faim et de désespoir. Il persista ainsi à marcher en avant jusqu'à ce qu'enfin, se trouvant presque seul, il fut contraint de retourner précipitamment sur ses pas, de peur de tomber vivant au pouvoir des Éthiopiens, qui s'avançaient pour achever par les armes ce que la famine avait commencé.

SMERDIS, frère de Cambyse, l'avait accompagné au commencement de ce périlleux voyage, et il avait été le seul de toute la cour de Perse qui eût pu tendre l'arc que le roi d'Éthiopie avait envoyé. Cambyse conçut de là une jalousie extrême contre ce jeune prince, et comme il n'ignorait pas que Smerdis était fort aimé des soldats, dont il partageait courageusement les fatigues et les privations, il inventa quelque prétexte pour le renvoyer en Perse, où bientôt après il le fit mettre à mort secrètement par un de ses officiers, nommé Prexaspe, auquel il promit de grandes récompenses pour le décider à commettre ce crime.

Après ce meurtre odieux, ne connaissant plus de bornes à ses folies, Cambyse résolut d'épouser une de ses sœurs, appelée Méroé, ce qui devint par la suite un usage assez fréquent chez les rois de Perse et d'Égypte; mais quelque temps après, dans un de ces accès de fureur stupide qui étaient devenus pour lui un état habituel, il tua cette princesse de sa propre main. Heureusement enfin pour l'humanité, comme il allait sans doute s'abandonner à de nouvelles violences, il se perça la cuisse, en montant à cheval, avec la même épée qui avait tué le bœuf Apis, et se fit une blessure profonde dont il mourut au bout de quelques jours. Les Égyptiens se réjouirent de sa mort, et regardèrent cet accident comme un juste châtiment du meurtre de leur dieu.

SMERDIS LE MAGE.

L'an 521 avant J. C.

Cambyse, en partant pour l'Égypte, avait laissé le gouvernement de la Perse entre les mains d'un seigneur nommé Patisithès, qui était en même temps le chef des mages.

Ce Patisithès s'était d'abord montré très-fidèle à son maître ; mais ensuite, voyant la haine que chacun portait à ce prince, à cause de ses emportements, et ayant découvert la mort du jeune Smerdis, qui jusqu'alors avait été tenue secrète par Prexaspe, il conçut la pensée de mettre à la place du second fils de Cyrus un de ses propres frères, qui ressemblait, dit-on, d'une manière surprenante au prince assassiné.

Le faux Smerdis, Mède de nation, était aussi l'un des prêtres du feu, et c'est pour cela qu'on lui donne ordinairement le nom de Smerdis le Mage ; mais comme il avait, en effet, beaucoup de ressemblance avec le frère de Cambyse, un grand nombre de Perses, à l'instigation de Patisithès, le firent monter sur le trône, avant même que la mort les eût délivrés de ce prince cruel.

Il n'était pas d'ailleurs très-difficile, parmi les Perses, de faire réussir une pareille supercherie, parce que c'était l'usage, comme autrefois chez les Assyriens (rappelez-vous l'histoire de Sardanapale), qu'un petit nombre de seigneurs seulement approchassent de la personne du monarque, dont le visage était presque entièrement caché sous les ornements de sa tiare.

Smerdis le Mage fut donc proclamé roi de Perse ; et il faut dire qu'à la vérité, il ne fit point un mauvais usage de la puissance qu'il avait usurpée. Son frère Patisithès veillait avec soin à ce que personne ne découvrît l'imposture dont il était l'auteur; et lorsque la nouvelle parvint en Asie que Cambyse était mort à son retour d'Éthiopie, tous deux se crurent assurés du succès de leur entreprise.

C'était la coutume, dans ce pays, que les rois eussent un grand nombre de femmes. Parmi celles que Smerdis avait trouvées dans le palais de Cambyse, et qu'il avait toutes épousées, il s'en trouva une, nommée Phédime, qui était fille d'Otanès, l'un des satrapes, c'est-à-dire l'un des principaux gouverneurs du royaume.

Otanès, qui avait quelque raison de soupçonner que le nouveau roi n'était pas le frère de Cambyse, eut l'idée de demander secrètement à sa fille si elle avait quelquefois aperçu son nouveau mari la tête nue; il lui apprit en même temps que le mage Smerdis, dans sa jeunesse, avait eu, pour je ne sais quelle faute, les oreilles coupées par ordre du dernier roi.

Phédime n'oublia pas la leçon, et la première fois que le roi ôta sa tiare devant elle, elle reconnut qu'en effet, le prétendu prince n'avait point d'oreilles. Otanès, bientôt averti de cette découverte, en fit part à plusieurs de ses amis, qui étaient comme lui de puissants personnages, et tous résolurent, d'un commun accord, de mettre fin à cette tromperie en tuant le faux Smerdis et son frère. Quelques-uns d'entre eux hésitaient pourtant encore à frapper un coup décisif, lorsqu'un événement imprévu vint les déterminer à ne pas différer davantage.

Depuis le jour où Prexaspe, par l'ordre de Cambyse, avait eu la barbarie d'égorger le vrai Smerdis, la vie de ce misérable n'était plus qu'un long et intolérable supplice. Sans cesse dévoré des remords affreux que laisse toujours le crime après lui, le meurtrier monta sur une tour élevée, et, s'adressant au peuple, déclara formellement que le frère de Cambyse avait péri de sa main, et que celui qui prenait ce nom n'était qu'un imposteur. En achevant ces paroles, cet homme, pour ne pas survivre à l'horreur d'un pareil aveu, se précipita du haut en bas de la tour, en présence de la foule, et se tua sur la place.

Dès que cette révélation fut connue dans le pays, Otanès et six de ses amis, dans leur indignation qu'un Mède, et surtout un mage, eût osé s'asseoir sur le trône de Cyrus, se rendirent au palais, et surprenant le faux Smerdis avec son frère Patisithès, ils les tuèrent tous deux, malgré leur résistance, et jetèrent leurs têtes sanglantes par les fenêtres du palais.

Ainsi fut punie d'une manière terrible l'imposture dont ces deux hommes avaient usé pour s'emparer de l'empire; car il faut être bien persuadé, mes enfants, qu'un mensonge, quelque adroitement préparé qu'il puisse paraître, finit toujours par se découvrir.

Mais lorsque la populace eut appris

comment elle avait été trompée par un mage, elle entra dans une fureur inexprimable contre les prêtres du feu, qu'elle accusait d'avoir favorisé cette trahison, et les égorgea tous indistinctement. L'anniversaire du jour où cette terrible exécution fut accomplie devint par la suite, chez les Perses, une grande fête, que l'on nomma la MAGOPHONIE, c'est-à-dire « le massacre des Mages, » et ce jour-là, il était interdit à ces prêtres, sous peine de la vie, de se montrer en public.

Cependant les sept seigneurs qui avaient tué le faux Smerdis se trouvèrent fort embarrassés de savoir auquel d'entre eux appartiendrait la couronne, et ils convinrent de s'en rapporter au hasard, sur le choix de celui qui devait l'obtenir.

Parmi eux se trouvait un jeune Persan nommé DARIUS, fils d'HYSTASPE, l'un des plus illustres satrapes de l'empire, qui avait certainement contribué plus qu'aucun autre à la réussite du complot, puisque c'était lui qui, le premier, avait frappé le mage de son épée. Darius était doué d'ailleurs de beaucoup de belles qualités, et le peuple désirait ardemment de l'avoir pour roi.

Les conjurés convinrent que le lendemain, aux premiers rayons du soleil, ils se rencontreraient tous les sept à cheval dans un lieu voisin de la ville, et que celui dont le cheval hennirait le premier obtiendrait la royauté.

Or vous savez peut-être que les chevaux, lorsqu'ils en approchent d'autres avec lesquels ils sont accoutumés de vivre, se mettent à hennir. Darius imagina de faire cacher derrière des arbres, au lieu du rendez-vous, le cheval de son écuyer, qui marchait habituellement à côté du sien ; de sorte que cet animal ayant poussé un hennissement avant tous les autres, son maître fut aussitôt reconnu pour roi par ses rivaux, qui, fidèles à leur engagement, ne cessèrent point pour cela d'être ses amis et ses conseillers les plus intimes.

Darius Ier (ce fut le nom que prit le fils d'Hystaspe en montant sur le trône), pour témoigner à ces seigneurs sa satisfaction et son estime, permit à chacun d'eux de porter une tiare aussi élevée que la sienne, avec cette seule différence que leur aigrette serait couchée, tandis que celle du monarque était toute droite.

DARIUS EN SCYTHIE.

Depuis l'an 521 jusqu'à l'an 485 avant J. C.

Il y avait déjà plusieurs années que Darius Ier était parvenu à l'empire, lorsqu'il apprit que les habitants de Babylone, qui, depuis le temps du grand Cyrus, n'avaient point cessé d'obéir à ses successeurs, s'étaient révoltés contre leur gouverneur, et avaient égorgé tous les Perses qui se trouvaient dans leur ville.

515.

A cette nouvelle, Darius ne fut pas maître de sa colère. Ayant assemblé une armée formidable, il marcha contre Babylone, résolu de punir d'une manière terrible cette ville rebelle, et de la détruire de fond en comble ; mais les Babyloniens lui opposèrent une si vive résistance, qu'après un siège acharné de dix-huit mois, les Perses étaient au moment de renoncer à l'espoir de les vaincre, lorsqu'un jeune satrape nommé Zo-**PYRE**, que Darius aimait tendrement, se dévoua pour satisfaire le ressentiment de son maître.

En effet, Zopyre, sans faire part de son projet à personne, de peur qu'on ne l'empêchât de le mettre à exécution, se coupa lui-même le nez et les oreilles, et, le corps entier couvert de blessures non moins horribles, s'échappa secrètement du camp des Perses. Presque mourant en apparence, il se présenta à l'une des portes de Babylone, criant à ceux qui la gardaient que le roi, dans un moment de colère, venait de lui faire subir ce traitement atroce, et leur jura que s'ils consentaient à le recevoir dans leur ville, tant qu'il lui resterait un souffle de vie, il l'emploierait à combattre ce prince cruel. Les Babyloniens ajoutèrent foi à ce récit, qui leur parut confirmé par les blessures sanglantes que Zopyre étalait à leurs yeux ; et persuadés qu'un pareil homme devait être impatient de vengeance, ils lui confièrent sans hésiter la garde de leurs remparts. Mais Zopyre, aussitôt qu'il en trouva l'occasion, introduisit les soldats de Darius dans la ville assiégée, et le roi se vit enfin maître de Babylone, qu'il traita alors avec la dernière rigueur. Trois mille des principaux rebelles furent mis à mort par son ordre, et les fameuses murailles de cette cité, autrefois fondées par Sémiramis, furent presque entièrement renversées.

Le roi, comme vous pouvez le penser, fut extrêmement satisfait de l'heureuse issue de cette entreprise, qu'il devait certainement au dévouement de son cher Zopyre ; mais il ne put se consoler de voir son pauvre ami ainsi défiguré : car, quoique ses blessures fussent cicatrisées, ce malheureux jeune homme était devenu si affreux, que personne n'osait le regarder en face.

Darius avait souvent entendu parler des Scythes, qui, au temps de Cyaxare Ier, avaient envahi la Médie, ainsi que je vous l'ai raconté il n'y a pas longtemps, et il prit la résolution d'aller lui-même punir cette nation barbare des ravages qu'elle avait autrefois exercés en Asie.

508.

Le pays qu'habitaient les Scythes était séparé du royaume des Perses, d'un côté par de hautes montagnes appelées la chaîne du CAUCASE, et de l'autre par une vaste mer alors connue sous le nom de PONT-EUXIN, et que l'on nomme aujourd'hui la mer Noire. Mais aucun obstacle ne put détourner Darius du dessein qu'il avait formé, et après avoir fait traverser à ses soldats le BOSPHORE de THRACE, bras de mer très-étroit qui sépare en cet endroit l'Asie de l'Europe, il parvint sur les bords d'un grand fleuve que les anciens nommaient l'ISTER, et qui est à présent le Danube. C'était de l'autre côté de ce fleuve que s'étendait la Scythie ou pays des Scythes.

Or, ces peuples sauvages n'avaient ni villes ni habitations fixes. Parcourant sans cesse d'immenses solitudes, ils traînaient après eux une multitude de chariots, sur lesquels voyageaient leurs femmes et leurs enfants. Devant ces peuplades errantes marchaient de nombreux troupeaux de brebis et de chevaux, qu'ils faisaient paître dans les prairies où ils s'arrêtaient pour dresser leurs tentes et se reposer. Darius n'ignorait point la pauvreté de cette nation, qu'il prétendait contraindre à l'obéissance; mais sa résolution était inébranlable, et lorsqu'il fut parvenu au bord de l'Ister, il donna ordre à ses soldats de passer ce fleuve sur un pont qu'il fit jeter, à l'instant même, d'une rive à l'autre.

Vous ne savez pas sans doute comment on peut ainsi jeter tout à coup un pont sur une rivière, et je vais tâcher de vous en donner une idée, parce que, dans les histoires que vous lirez par la suite, vous verrez quelquefois des armées employer de semblables moyens pour surprendre un royaume ou envahir des provinces dont un fleuve les sépare.

Pour y parvenir, on commence par planter, sur le bord du fleuve que l'on veut traverser, plusieurs grands pieux dont l'extrémité est taillée en pointe, et que l'on enfonce en terre avec toute la force possible. A ces pieux un bateau est fortement attaché, en travers, avec des cordages solides; bientôt un second est lié au premier par le même moyen, et l'on continue, ainsi de suite, jusqu'à ce que l'on soit parvenu à la rive opposée du fleuve, où de nouveaux pieux sont encore plantés pour fixer le dernier bateau au rivage. Quand tout ce travail est achevé, on place sur ce pont flottant de longues et fortes planches, sur lesquelles les soldats peuvent aisément passer avec leurs chevaux, leurs chariots de guerre et tout ce que les armées traînent après elles. Souvent cette opération difficile est interrompue par la violence des flots, ou par les efforts que font, pour s'y opposer, les ennemis postés sur l'autre rive; mais il est rare qu'à force de peine, et souvent aux dépens de la vie d'une partie des travailleurs, on ne parvienne pas à l'accomplir.

Ce fut sur un pont semblablement construit que Darius fit traverser l'Ister à son armée pour envahir la Scythie, et forcer les habitants de ces contrées sauvages à reconnaître sa puissance. Il confia la garde de ce pont à une troupe de soldats grecs qui servaient dans son armée, sous le commandement de deux officiers de leur nation, dont l'un se nommait Histiée, de Milet, et l'autre Miltiade, d'Athènes.

Le roi, après avoir franchi le fleuve, s'était avancé rapidement dans les vastes plaines qui s'étendaient devant lui à perte de vue, se flattant à tout moment de voir les Scythes accourir à sa rencontre pour se soumettre à son obéissance ; mais après bien des journées de marches pénibles, il s'arrêta tout étonné que personne ne se présentât, soit pour le combattre, soit pour implorer sa clémence.

C'est que les Scythes, informés de son approche, s'étaient bien gardés de l'attendre. Fidèles à leurs habitudes vagabondes, et chassant devant eux leurs innombrables troupeaux, ils avaient mis de si vastes déserts entre leur nation et l'armée des Perses, que celle-ci, malgré la rapidité de sa marche, pouvait à peine découvrir les traces du chemin qu'ils avaient suivi.

Cependant Darius, qui n'avait pas encore perdu l'espoir de les joindre et de les vaincre, continuait à s'avancer dans le désert, sans s'apercevoir qu'un grand nombre de ses soldats tombaient de fatigue et de faim, et qu'aucune ville ne s'offrait à eux pour les abriter ni pour les nourrir. Bientôt une autre calamité vint mettre le comble à toutes celles que les Perses avaient déjà éprouvées, et leur armée entière fut au moment de périr de soif, parce que les Scythes, malgré la précipitation de leur retraite, avaient pris soin de détruire toutes les fontaines et de combler tous les puits.

Darius lui-même n'aurait point échappé à cette privation, qui fit périr la plus grande partie de ses soldats, s'il n'avait pas eu un chameau chargé d'outres remplies d'eau, qui, dans ces marches excessives, le suivit partout et lui sauva la vie. Le roi eut tant de reconnaissance envers cet animal, qu'il ramena de cette désastreuse expédition, que lorsqu'il fut de retour en Perse, il lui fit construire, dans une des plus riches provinces de son empire, une écurie, à laquelle il donna le nom de GANGAMELA, ce qui, dans la langue du pays, voulait dire « la maison du chameau. »

Dans cette extrémité, les soldats de Darius lui amenèrent un Scythe qui s'était avancé vers eux, annonçant qu'il avait quelque chose de très-important à communiquer au roi. Lorsque cet homme fut en présence du monarque, il lui présenta un oiseau, une souris, une grenouille et cinq flèches, et voulut ensuite se retirer ; mais Darius lui ayant ordonné d'expliquer à l'instant même ce que signifiait ce message, le barbare, sans témoigner aucune crainte, répondit aussitôt que les Scythes lui envoyaient ce présent pour lui faire connaître que si les Perses ne s'envolaient pas en l'air comme cet oiseau, s'ils ne se cachaient pas sous terre comme cette souris, ou enfin s'ils ne se plongeaient pas dans l'eau comme cette grenouille, aucune puissance humaine ne pourrait les soustraire aux flèches des Scythes.

Darius, ayant écouté patiemment cette explication, ordonna qu'on rendît la liberté à cet homme sans lui faire le moindre mal; mais, en même temps, il comprit qu'il serait plus sage à lui de ramener sans aucun retard les débris de son armée vers l'Ister, que d'attendre dans ces solitudes l'effet de la menace des barbares. Il retourna donc aussitôt vers ce fleuve, qu'il avait franchi quelques mois auparavant à la tête d'une armée formidable, et ne put se défendre d'une vive douleur, en la voyant réduite à un petit nombre d'hommes épuisés de fatigue et de misère.

Pendant cette désastreuse campagne,

Darius, sans le savoir, avait couru un grand danger dont il n'eut connaissance que plus tard. Miltiade l'Athénien, l'un des chefs grecs qu'il avait laissés sur l'Ister, avait proposé à Histiée, son compagnon, de détruire le pont dont la garde leur était confiée, afin que l'armée perse tout entière, et le roi lui même, périssent de l'autre côté du fleuve; mais Histiée, qui était alors sincèrement attaché à Darius, repoussa cette proposition avec mépris, et ce prince dut s'estimer heureux d'être sorti sain et sauf de cette contrée sauvage, où la plus grande partie de son armée avait trouvé la mort.

Darius Ier, fils d'Hystaspe, que l'on désigne presque toujours par ce surnom pour le distinguer de deux autres Darius qui régnèrent après lui sur la Perse, est celui avec lequel nous avons déjà fait connaissance dans l'histoire d'Esther et de Mardochée. Nous le retrouverons quelque jour encore dans un autre livre, où nous le verrons porter la guerre chez les Grecs, et donner lieu, de la part de ce peuple, à d'admirables traits d'héroïsme et de dévouement.

LA REINE AMESTRIS.

Depuis l'an 485 jusqu'à l'an 472 avant J. C.

Le fils de Darius, qui lui succéda, se nommait Xerxès Ier. C'était un prince violent et orgueilleux, qui se persuadait que le monde entier était fait pour lui obéir, tant il se croyait supérieur aux autres hommes! Vous lirez dans l'Histoire grecque comment il fut puni de ce ridicule amour-propre, et je me contenterai de vous raconter ici ce qui arriva dans sa famille, autant par sa propre faiblesse que par la méchanceté de la reine Amestris, sa femme.

Xerxès avait un frère nommé Mariste, qui était le mari d'une belle et vertueuse princesse, dont le roi préférait la conversation à celle de toutes les autres personnes de sa cour, et comme la compagnie de cette dame lui plaisait plus que celle d'Amestris, cette reine devint excessivement jalouse de sa belle-sœur. Vous allez voir maintenant tous les maux que causa cette jalousie, qui est la plus terrible de toutes les passions.

Un jour, dans une visite que Xerxes faisait à sa belle-sœur, il était vêtu d'une robe magnifique qu'Amestris avait brodée de ses propres mains; cette robe était si riche et si belle, que la jeune ARSAINTE, fille de Mariste, conçut un désir passionné de s'en faire une parure.

Dans le cours de cette visite précisément, Xerxès, qui aimait aussi beaucoup sa nièce, s'étant engagé à lui accorder tout ce qui pourrait la contenter, cette jeune personne eut l'imprudence de lui demander la robe qui était l'objet de son envie. Le roi d'abord voulut se refuser à cette fantaisie, en lui représentant que la reine serait certainement mécontente qu'il se privât, pour la satisfaire, d'un riche vêtement qu'elle n'avait pris la peine de broder elle-même que pour qu'il le conservât à son usage; mais Arsainte mit tant d'insistance à cette prière, que Xerxès finit par lui accorder ce qu'elle désirait. Hélas! ce présent allait devenir bien funeste à celle qui l'avait tant souhaité, et qui, non contente de l'avoir obtenu, fut assez inconséquente pour se montrer en public avec cette parure, que les yeux d'Amestris reconnurent aussitôt.

Cette reine n'était pas femme à oublier l'affront que Xerxès lui avait fait en cédant ainsi un cadeau qu'il tenait d'elle; mais, regardant la demande d'Arsainte comme un désir de jeune fille, elle tourna toute sa fureur contre la mère de cette princesse, et ce fut de Mariste elle-même qu'elle résolut de tirer une vengeance terrible.

Il est difficile de croire, en vérité, avec quelle noirceur cette femme cruelle calcula l'instant de faire éclater sa colère; mais toute la violence de son caractère était excitée par la jalousie, qui changerait en un instant le meilleur cœur du monde, si un cœur vraiment bon pouvait s'abandonner à toute la violence de cette passion.

C'était l'usage en Perse, à cette époque, qu'au jour de la naissance du roi, ce prince accordât à la reine tout ce qu'elle lui demandait, quel que fût d'ailleurs l'objet de sa demande. Cette coutume avait été établie autrefois afin de donner à cette princesse une occasion d'obtenir de son mari la grâce de quelque innocent, ou quelque secours généreux pour les malheureux; mais le ressentiment d'Amestris lui avait inspiré des désirs bien différents, et, dans cette circonstance solennelle, elle ne manqua pas d'exiger publiquement de Xerxès qu'il lui livrât la femme de Mariste, pour en disposer comme elle l'entendrait.

Le roi, en écoutant cette prière, demeura frappé de terreur, car il connaissait trop bien la reine pour ne pas deviner ses horribles intentions; vainement il la supplia de faire un autre usage du droit que la loi du pays accordait à la compagne du monarque : cette princesse se montra inexorable, et réclama impérieusement l'accomplissement d'une coutume consacrée par de longues années. Ce trait ne doit pas nous surprendre de la part d'une femme implacable; mais on ne peut voir sans surprise que Xerxès ait eu la faiblesse de céder à une obstination si déraisonnable en apparence, mais sous laquelle il entrevoyait déjà quelque motif secret, dont il était loin cependant de soupçonner encore toute la scélératesse.

En effet, l'impitoyable Amestris n'eut pas plutôt arraché du roi la prétendue faveur qu'elle avait tant souhaitée, que faisant saisir à l'instant même par des bourreaux son infortunée belle-sœur, elle lui fit couper, en sa présence, le nez, les oreilles et les lèvres, qui furent dévorés par des chiens sous ses propres yeux; après quoi, mettant le comble à sa barbarie, elle renvoya cette malheureuse créature à son mari, afin qu'il connût, en la voyant ainsi sanglante et défigurée, toute l'étendue de la haine qu'elle lui portait à lui même.

Ce crime, tout affreux qu'il était, ne fut pas le seul que commit cette exécrable princesse. Informée que Mariste, au désespoir, était au moment de prendre les armes pour venger sur elle un si cruel outrage, elle le fit surprendre par une troupe de cavaliers, qui égorgèrent ce prince avec le reste de sa famille.

Cependant les forfaits dont la fureur jalouse d'Amestris venait de remplir le palais et l'empire de Xerxès n'étaient que le prélude des désastres qui allaient fondre sur la maison de ce monarque, et dont il devait être lui-même une des premières victimes. Consumé d'une défiance insurmontable contre tous ceux qui l'environnaient, ses serviteurs, ses ministres, et jusqu'à ses propres enfants, étaient devenus l'objet de ses soupçons et de ses craintes, que se plaisaient à nourrir d'avides courtisans.

Un jour que, dans l'ivresse d'un festin, quelques insinuations perfides l'avaient irrité contre DARIUS, son fils aîné, il donna l'ordre à l'un des principaux seigneurs de sa cour, nommé ARTABAN, qui était le capitaine de ses gardes, de faire périr ce jeune prince, qu'il soupçonnait d'aspirer secrètement à l'empire. Artaban, espérant que le roi révoquerait cet arrêt barbare lorsque les fumées du vin seraient dissipées, ne se pressa point d'obéir; mais, le lendemain, Xerxès lui ayant répété de ne pas différer davantage l'exécution de ses ordres, cet officier, craignant d'attirer sur lui-même la colère d'un homme qui n'hésitait point, sur un simple soupçon, à verser ainsi le sang de son propre fils, résolut de le prévenir par un coup hardi, et peut-être de monter sur le trône, en faisant périr toute la famille royale.

Dans la nuit suivante, Artaban, qui avait su gagner un des domestiques du roi par l'appât d'une forte récompense, pénétra dans l'appartement de ce monarque, qu'il poignarda pendant son sommeil ; puis courant aussitôt auprès d'Artaxerce, troisième fils de Xercès, et feignant un air épouvanté, il lui apprit que Darius, son frère aîné, venait de commettre un affreux parricide, et que leur père n'existait plus. Dans le premier moment de sa douleur, Artaxerce, sans se donner le temps de connaître la vérité, se rend à l'appartement de son frère, et avant que ce malheureux prince pût s'expliquer ou se défendre, il le fait percer de coups par les gardes qui l'avaient suivi.

472. Artaxerce, par cet événement, succéda sans obstacle à son père ; mais bientôt, ayant découvert la double perfidie d'Artaban, il craignit de devenir lui-même la victime de ce traître, et le condamna au dernier supplice.

ARTAXERCE LONGUE MAIN.

Depuis l'an 472 jusqu'à l'an 425 avant J. C.

Plusieurs princes du nom d'Artaxerce ont régné successivement sur la Perse, et ils sont distingués entre eux par des surnoms qu'il est bon de ne pas oublier. Le fils de Xerxès Ier reçut celui de LONGUE MAIN, parce qu'il avait, dit-on, la main droite plus longue que la gauche ; mais comme cette difformité n'était pas très-apparente, cela n'empêchait pas qu'il ne passât pour un des plus beaux hommes de son empire.

Un jour qu'Artaxerce Longue Main se trouvait dans son palais de SUZE, l'une des principales villes du royaume, où les rois de Perses passaient ordinairement l'hiver, un étranger demanda à être introduit auprès de sa personne, et se prosternant devant son trône :

« Vous voyez à vos pieds, ô grand roi, lui dit cet étranger, Thémistocle l'Athénien, dont le nom est peut-être arrivé jusqu'à vous. C'est moi qui ai vaincu les armées de Xerxès, votre père, lorsqu'elles sont venues fondre sur la Grèce, et maintenant que mes concitoyens m'ont banni de ma patrie, je viens me mettre entre vos mains, et vous demander un asile. »

Ce Thémistocle, mes enfants, était en effet un des plus habiles et des plus vaillants généraux de la Grèce, comme vous l'apprendrez dans l'histoire de ce pays. C'était lui qui avait mis en fuite les Perses que Xerxès avait conduits contre sa patrie. Mais, par la suite, les Athéniens, oubliant les services de ce grand homme, avaient eu l'ingratitude de l'exiler de leur ville, et même de le poursuivre dans tous les pays où il avait essayé de trouver un refuge. C'était donc pour échapper aux persécutions de ceux qu'il avait sauvés autrefois par son courage, que Thémistocle se voyait réduit à chercher un asile auprès du roi de Perse, dont il avait entendu vanter en tout temps la munificence et la grandeur d'âme.

Artaxerce ne pouvait pas aimer Thémistocle, qui avait causé bien des malheurs à la Perse sous le règne de son père, et même, à une autre époque, il avait promis une grosse récompense à quiconque le lui livrerait mort ou vif; mais quand il vit ce grand capitaine suppliant à ses pieds, il eût rougi de manquer de générosité envers un homme qui venait se mettre sous sa protection, et lui ordonna de se présenter le lendemain au palais pour connaître sa résolution.

Dans ce temps-là, les Perses, comme presque tous les peuples anciens, adoraient plusieurs dieux, dont les deux principaux étaient OROMAZE ou le dieu du bien, et ARIMANE ou le dieu du mal. C'était à ce dernier qu'ils adressaient le plus souvent leurs prières, pour lui demander d'envoyer à leurs ennemis toutes les calamités possibles, et surtout de mauvaises pensées; aussi Artaxerce ne manqua-t-il pas d'offrir un sacrifice au dieu Arimane, pour le remercier d'avoir inspiré aux Grecs la funeste idée d'exiler Thémistocle. Sa joie de posséder cet homme célèbre fut si vive, que pendant la nuit suivante on l'entendit plusieurs fois s'écrier dans son sommeil : « J'ai Thémistocle l'Athénien ! »

Le lendemain, ayant fait introduire l'étranger en sa présence : « Thémistocle, lui dit-il, j'avais promis une récompense considérable à quiconque te livrerait mort ou vif; mais comme tu l'as méritée toi-même en venant te mettre entre mes mains, je vais ordonner qu'on te la paye à l'instant même. De plus, puisque tu as voulu être l'hôte du roi de Perse, je te donne quatre grandes villes de mon royaume, dont l'une te fournira le pain, l'autre la viande, la troisième le vin, et enfin la quatrième les vêtements nécessaires à ton existence. »

Thémistocle fut pénétré de reconnaissance en entendant ce langage, que, pendant plusieurs années, la munificence d'Artaxerce à son égard ne démentit pas un seul instant. Souvent même ce monarque l'appelait à sa cour pour avoir le plaisir de s'entretenir avec lui, et tant qu'il vécut, il ne cessa de lui prodiguer toutes les faveurs qu'il put ambitionner.

Vous n'aurez pas de peine à comprendre, mes enfants, que ce prince, en agissant aussi noblement envers un des plus redoutables ennemis de la Perse, acquit beaucoup plus de gloire que si, pour satisfaire un honteux ressentiment, il n'eût pas su respecter l'infortune dans laquelle cet illustre personnage était tombé ! Nous verrons d'ailleurs, dans un autre livre, que Thémistocle n'était pas indigne des bienfaits dont le roi de Perse se plut à le combler, puisqu'il préféra la mort au malheur de porter les armes contre son ingrate patrie, ou de manquer lui-même à la reconnaissance qu'il devait à son bienfaiteur.

Dans tous les temps, rien n'a été plus

honorable que de savoir pardonner à ceux qui ont cherché à nous nuire, et même de leur rendre le bien pour le mal, lorsque cela nous a été possible; mais aujourd'hui, c'est un devoir sacré pour nous qui avons été élevés dans la religion chrétienne, dont un des premiers préceptes ordonne le pardon des injures.

LA FAMILLE D'ARTAXERCE MNÉMON

Depuis l'an 425 jusqu'à l'an 401 avant J. C.

Je n'aurai point d'histoire à vous raconter sur les trois fils d'Artaxerce Longue Main, qui occupèrent successivement après lui le trône de Perse. Vous saurez seulement que les deux premiers, Xerxès et Sogdien, ne régnèrent que quelques jours, et que Darius Nothus, leur frère, s'étant emparé de la couronne, gouverna l'empire avec gloire pendant vingt années, et mourut dans un âge avancé.

425.

Ce monarque laissa deux fils. L'aîné de ces princes, Artaxerce, avait été surnommé Mnémon, à cause de la prodigieuse mémoire dont il était doué; le second, que sa mère Parysatis affectionnait particulièrement à cause de ses qualités aimables et des bonnes dispositions qu'il annonça dès son plus jeune âge, portait le nom de Cyrus. Malheureusement ces deux princes étaient jaloux l'un de l'autre : Artaxerce, parce que Cyrus était l'enfant préféré de sa mère; et Cyrus, parce que son frère avait hérité sans partage de l'empire, après la mort de Darius Nothus, leur père.

405.

C'était alors la coutume que chaque roi de Perse, en montant sur le trône, se rendît à Pasagardes, ville autrefois bâtie par le grand Cyrus, et où se trouvait son tombeau, pour s'y faire sacrer par les mages, avec des cérémonies qui vous paraîtront peut-être bizarres, mais qui toutes renfermaient d'utiles enseignements.

Ainsi le nouveau monarque, se dépouillant de ses vêtements, devait se couvrir de la robe que le grand Cyrus avait portée avant d'être roi, robe que la vénération des mages conservait religieusement dans le temple de Pasagardes. Cela signifiait que le prince qui revêtait pour cette cérémonie la robe de Cyrus devait aussi désormais revêtir ses belles qualités et ses hautes vertus.

Après cela on présentait au roi un breuvage composé de vinaigre et de lait, qu'il était obligé d'avaler d'un seul trait, pour lui apprendre que les douceurs de la royauté sont le plus souvent mêlées d'amertume.

Cependant le jeune Cyrus, qui s'était rendu à Pasagardes pour assister à la cérémonie du sacre, ne pouvait voir sans désespoir Artaxerce s'emparer paisiblement de l'empire. Né avec un caractère violent et emporté, ou peut-être excité par les conseils de quelques ambitieux, comme il s'en trouve toujours autour des princes pour flatter leurs passions, il osa concevoir la pensée d'égorger son frère au moment même où il quitterait la robe royale au milieu du temple. Tout était, en effet, disposé pour ce crime, lorsqu'un prêtre, ayant eu connaissance du complot, le découvrit au nouveau roi, qui ordonna aussitôt à ses gardes de saisir Cyrus et de le mettre à mort.

Je n'ai pas besoin de vous dire quelle fut la douleur de la reine Parysatis en apprenant cette nouvelle. Cette princesse, hors d'elle-même, après avoir d'abord vainement sollicité la grâce de son fils bien-aimé, l'entoura des tresses de ses cheveux, attacha son cou au sien, et fit tant par ses prières et par ses larmes, qu'elle obtint enfin du monarque qu'il ne lui serait fait aucun mal. La seule punition qu'Artaxerce infligea à son frère fut de le reléguer dans une province éloignée, d'où il lui défendit de jamais sortir sans sa permission. A cette condition seulement il put conserver la vie, que sa funeste ambition devait pourtant lui coûter un jour.

Ce fut à Sardes, cette ancienne capitale du royaume de Lydie, dont je vous ai parlé dans l'histoire de Crésus, que le jeune Cyrus fixa sa demeure après cette disgrâce. Là, devenu étranger en apparence à toute pensée d'ambition ou de vengeance, il semblait ne plus songer qu'à l'embellissement de ses jardins et de son palais. Cyrus, d'ailleurs, n'était point un prince méprisable. Son esprit naturel était cultivé par l'étude et la réflexion, et il s'efforçait d'attirer auprès de sa personne les hommes de son temps les plus distingués par leur mérite et leurs vertus.

Un jour, entre autres personnages illustres qui le visitaient dans sa retraite, il reçut un capitaine grec, nommé Lysandre, qui, connaissant la secrète animosité de Cyrus contre son frère, espérait, en excitant le ressentiment de ce bouillant jeune homme, allumer en Asie des troubles dont les Grecs pourraient tirer un parti avantageux.

Ce Lysandre, aux qualités d'un vaillant général joignait une extrême finesse et une grande habileté pour flatter les passions des hommes, lorsqu'il croyait pouvoir en profiter. Aussi, à peine eut-il entrevu le jeune Cyrus, qu'il s'aperçut que ce prince, dont l'orgueil était plutôt irrité que comprimé par sa mauvaise fortune, supportait avec impatience l'existence obscure à laquelle il était condamné.

« Voilà, s'écria Lysandre en se promenant avec Cyrus dans ses jardins, une bien belle allée! — C'est moi qui l'ai tracée, lui répondit le jeune prince d'un air satisfait.

— Ce parterre est délicieux, continua le Spartiate, et ces milliers de fleurs exhalent un parfum qui me charme et m'enivre. — Toutes ces fleurs, répondit Cyrus, sont de mon choix.

— Ces vergers me paraissent remplis d'excellents fruits, ajouta le rusé personnage. — Je suis parvenu, s'écria le prince, à réunir ici les espèces les plus rares. »

Enfin ils entrèrent ensemble dans un bosquet, où des arbres touffus offraient un ombrage impénétrable à la chaleur du jour. « Je n'ai jamais vu, s'écria Lysandre avec l'accent de l'admiration, de plus beaux arbres. — C'est moi, répondit Cyrus avec orgueil, qui les ai plantés de ma main.

— Eh quoi! prince, reprit le Spartiate en le contemplant de la tête aux pieds, vous portez une robe de pourpre, des bracelets d'or, des brodequins relevés d'une riche broderie, vous vivez au milieu des parfums et des essences, et vous vous êtes fait jardinier! »

Cyrus rougit de honte en entendant ces paroles; il baissa les yeux devant cet homme qui venait de piquer si vivement son amour-propre, et jura tout bas de mourir cent fois plutôt que de mener davantage cette existence oisive, qui laissait son frère paisible possesseur d'une couronne dont il se croyait plus digne que lui. En effet, peu de temps après, ayant rassemblé à Sardes une grande armée, il résolut de disputer l'empire à Artaxerce les armes à la main, et, pour mieux s'assurer la victoire, il engagea à son service treize mille Grecs, qui passaient alors

401.

pour les meilleurs et les plus braves soldats du monde. Nous verrons bientôt ce que devint cette armée et Cyrus lui-même, qu'un orgueil démesuré poussait ainsi à sa propre ruine.

Il est certainement honorable pour un jeune homme, mes enfants, d'aspirer aux premières places, et de tâcher de les mériter par son travail et son application : c'est là une noble et louable ambition ; mais il n'en est pas de même d'une vanité immodérée qui le porte à la violence et à l'envie. Il cesse alors d'être estimable, et bien loin d'obtenir des éloges et des encouragements, il devient insupportable à tous ceux qui le connaissent.

LA RETRAITE DES DIX MILLE.

L'an 401 avant J. C.

L'empire des Perses était si vaste, qu'il fallut six mois entiers au jeune Cyrus pour s'avancer avec son armée depuis Sardes jusque dans la province de Babylone, où il savait qu'Artaxerce réunissait, pour le combattre, des troupes innombrables. Il est vrai que l'armée de Cyrus eut à vaincre bien des difficultés pour traverser cette grande étendue de pays, car elle dut franchir des fleuves, des montagnes et des défilés presque impraticables, avec un courage et une patience dignes d'une meilleure cause.

Enfin les deux armées, commandées par ces frères ennemis en personne, se rencontrèrent dans un lieu nommé Cunaxa, situé à peu de distance de Babylone, où s'engagea l'une des plus terribles batailles dont il soit question dans l'histoire. Le jeune Cyrus, secondé par ses treize mille Grecs, combattit avec tant de valeur dans cette sanglante journée, que la victoire paraissait pencher en sa faveur, lorsque, ayant distingué dans la mêlée son frère Artaxerce, contre lequel le poussait une haine aveugle, il se précipita sur lui avec rage, et reçut de sa main la mort qu'il cherchait à lui donner.

Ainsi périt ce prince, que les qualités les plus brillantes et les plus aimables n'avaient fait que conduire à sa perte. L'ambition de régner, qui devient quelquefois le motif d'actions honorables, fut la cause de sa ruine, et personne, si ce n'est sa mère, qui avait trop favorisé son orgueil par son indulgence, ne le regretta, parce qu'il n'avait écouté que sa violence et sa jalousie.

N'est-il pas vrai, mes enfants, que rien n'est plus affreux que cette haine mortelle entre deux frères, qui auraient dû s'aimer tendrement au lieu de s'entre-tuer? et ne pensez-vous pas, comme moi, que Cyrus méritait son sort par sa fureur et ses emportements, puisqu'il voulait renouveler le crime de Caïn, que Dieu maudit pour avoir tué son frère Abel?

Le corps de Cyrus ayant été reconnu parmi les morts, un soldat lui coupa la tête et la main droite, qu'un domestique du roi, nommé Mésabate, porta dans le palais d'Artaxerce, où elles demeurèrent exposées aux regards du peuple, jusqu'à ce qu'elles tombassent en poussière.

Cependant les braves Grecs qui avaient si vaillamment combattu pour ce malheureux prince se trouvaient à plus de six cents lieues de leur pays, environnés d'ennemis et séparés du monde entier par des fleuves profonds, de hautes montagnes et des défilés inconnus.

Si vous avez sous les yeux une carte du pays qui fut le théâtre de ces grands événements, rien ne vous sera plus aisé que de suivre les traces de la marche de ces intrépides soldats, pour mieux en conserver le souvenir.

D'abord Artaxerce, redoutant le courage de ces terribles guerriers, consentit à leur ouvrir un passage à travers son empire, mais bientôt, croyant inutile d'user de modération envers cette poignée d'hommes, il attira dans un piége CLÉARQUE, leur général, et ses principaux officiers, et les fit tous égorger par une lâche trahison. Ainsi les Grecs, privés de leurs chefs, se seraient trouvés dans un bien cruel embarras, si des hommes aussi vaillants ne savaient pas tout surmonter. Ils remplacèrent aussitôt par de nouveaux commandants ceux qu'ils avaient perdus, et mirent entre autres à leur tête un capitaine nommé XÉNOPHON, qui nous a conservé l'histoire de cette célèbre campagne, que l'on appelle la RETRAITE DES DIX MILLE, parce que les fatigues et les combats réduisirent bientôt à ce nombre cette troupe généreuse.

Vous ne sauriez croire quels effroyables travaux ces dix mille Grecs furent contraints d'accomplir pour rejoindre leur patrie. Tantôt ils se trouvaient arrêtés par le Tigre et par l'Euphrate, ces grands fleuves d'Asie dont je vous ai déjà parlé ; tantôt ils franchissaient les montagnes presque inaccessibles des Carduques, où la neige engloutissait et faisait périr une infinité d'hommes et de chevaux, tandis que sur leurs pas l'armée des Perses, vingt fois plus nombreuse que les Grecs, ne laissait pas écouler un seul jour sans les harceler et les combattre.

Enfin ces intrépides soldats, triomphant de tant de fatigues et de privations, revirent leur patrie, glorieuse d'avoir produit de si vaillants citoyens. Xénophon prit soin d'écrire l'histoire de cette mémorable retraite, qui fait encore aujourd'hui l'admiration de tous ceux qui la connaissent, quoique depuis cette époque il y ait eu certainement de bien grandes guerres et des événements non moins mémorables.

Ce qui rend surtout remarquable la retraite des Dix mille, c'est qu'elle apprit aux Grecs le secret de leur force, en même temps qu'aux Perses celui de leur faiblesse. Il ne faudra point oublier combien les premiers se montrèrent, dans cette circonstance, supérieurs à leurs ennemis, et vous comprendrez aisément alors comment, quelques années plus tard, on vit une poignée de Grecs, conduits par le plus grand capitaine de ce siècle, renverser sans retour l'immense domination des Perses.

LA VENGEANCE DE PARYSATIS.

Depuis l'an 400 jusqu'à l'an 397 avant J. C.

Cependant Artaxerce Mnémon, à peine délivré des soucis que lui avait causés son frère Cyrus, voyait sa famille et son royaume déchirés par de nouveaux malheurs. Sa mère Parysatis, la plus impitoyable femme que l'on eût encore vue, si la reine Amestris n'eût pas vécu avant elle, vengeait d'une manière terrible la mort de son fils bien-aimé.

L'un des premiers soins de cette femme cruelle fut de tirer vengeance de Mésabate, ce domestique auquel, à Cunaxa, Artaxerce avait donné l'ordre de porter dans son palais la tête et la main du jeune Cyrus ; mais de peur que son fils ne voulût s'y opposer, elle employa, pour en venir à ses fins, une ruse vraiment infernale.

Elle feignit donc de se réconcilier avec Artaxerce, et sous prétexte de lui tenir compagnie lorsqu'il était seul, elle venait souvent jouer avec lui je ne sais quel jeu en usage à cette époque. Je vous ferai remarquer, à ce propos, que ce n'était certainement pas un jeu de cartes qui amusait ainsi le roi et sa mère, parce que les cartes à jouer ne furent inventées que dans un temps bien plus rapproché du nôtre, pour amuser, dit-on, un roi de France qui avait perdu la raison. C'était donc probablement quelque jeu de hasard ou de calcul, qui étaient usités alors, peut-être même le jeu de dés ou celui d'échecs, dont on fait remonter l'invention aux siècles les plus reculés.

Quoi qu'il en soit, Artaxerce et sa mère jouant un soir l'un contre l'autre, cette princesse lui proposa de mettre, pour prix de la partie commencée, quelques-uns de leurs domestiques au choix du gagnant. Le roi y consentit de grand cœur, et l'adroite princesse feignit d'abord de perdre la partie ; mais lorsqu'elle vit qu'Artaxerce était fort animé au jeu, elle eut l'adresse de prendre sa revanche, et se trouva maîtresse de choisir parmi tous ceux du palais le domestique qui lui conviendrait le mieux. Aussitôt elle désigna Mésabate, que le roi lui abandonna sans aucune défiance ; mais dès que ce malheureux fut tombé en sa puissance, elle le livra à des bourreaux qui l'écorchèrent tout vif, et le firent expirer dans cet horrible supplice. Artaxerce en fut indigné ; mais la vindicative Parysatis ne fit que rire de sa colère, qu'elle ne redoutait point.

Il ne restait plus à cette méchante femme, pour assouvir son désir de vengeance, que de la faire tomber sur la reine STATIRA, femme d'Artaxerce, qu'elle haïssait mortellement, parce que cette princesse s'était réjouie publiquement de la défaite et de la perte de Cyrus. A la vérité il n'était pas aisé de faire subir à cette dame, que le roi aimait tendrement, le triste sort du pauvre Mésabate : aussi Parysatis ne l'entreprit-elle pas ; mais elle atteignit le même but par une astuce non moins atroce.

Pour y parvenir, elle fit semblant d'oublier son ressentiment contre Statira, et lui témoigna tout à coup mille égards ; sans cesse elle l'invitait à des fêtes et à des festins, où elle feignait pour elle une amitié véritable. Mais comme ces deux femmes se défiaient secrètement l'une de l'autre, elles avaient toujours soin de manger des mêmes viandes et des mêmes morceaux, pour être sûres que les mets qu'on leur servait n'étaient point empoisonnés. Parysatis sut pourtant éluder ces précautions de son ennemie.

Un jour on servit sur la table un oiseau fort rare, et qui paraissait accommodé avec un soin tout particulier. Parysatis elle-même, le partageant en deux avec un couteau, en donna la moitié à sa belle-fille, et mangea gaiement l'autre moitié ; mais à peine Statira eut-elle goûté de ce mets, qu'elle tomba dans des convulsions effroyables, et expira aussitôt avec tous les symptômes d'un empoisonnement.

Artaxerce, saisi de douleur, ne soupçonna point d'abord sa mère d'un crime si abominable ; mais une esclave de la reine, nommée Gygis, lui révéla bientôt cet épouvantable mystère, en lui apprenant qu'elle avait enduit elle-même d'un poison violent, par l'ordre de Parysatis, un des côtés seulement du couteau dont elle s'était servie pour partager l'oiseau dont Statira avait accepté la moitié.

Ainsi, cette méchante princesse, qui s'était exposée elle-même à une mort affreuse pour satisfaire sa haine, avait la satisfaction de survivre à son ennemie.

Le roi, en apprenant ce crime, ne put modérer sa colère ; il ordonna aussitôt à la cruelle Parysatis de se retirer à Babylone, en lui défendant d'en sortir de toute sa vie, et jura que de ses jours il n'approcherait de cette ville. Quant à Gygis, elle fut condamnée au supplice des empoisonneurs, qui consistait, chez les Perses, à avoir la tête écrasée entre deux pierres.

Ce grand prince, qui régnait sur tant de peuples, ne voyait pas, dans tout son empire, un seul homme dont l'existence fût troublée par d'aussi cruelles afflictions que la sienne, et peut-être, dans ce moment, regretta-t-il amèrement de n'être pas tombé lui-même, comme son frère Cyrus, sur le champ de bataille de Cunaxa.

LES FILS D'ARTAXERCE.

Depuis l'an 397 jusqu'à l'an 336 avant J. C.

Le roi Artaxerce Mnémon, suivant l'usage des Perses, avait un grand nombre de femmes ; aussi lorsqu'il fut parvenu à la vieillesse, se trouva-t-il père de cent cinquante-trois fils, tous jeunes gens ambitieux et impatients, dont la plupart souhaitaient la mort de leurs frères aînés, pour arriver plus sûrement au trône.

Or, l'aîné de ces princes se nommait Darius, et le vieux monarque, prévoyant qu'après sa mort, chacun de ses enfants disputerait la couronne aux autres, résolut de conférer de son vivant à celui-ci le titre de roi, en lui permettant de porter la tiare royale ; mais ce jeune prince ne se contenta point de cette brillante coiffure et d'un titre inutile, et, dans son impatience de régner, il forma contre la vie de son père une conspiration, dans laquelle il fit entrer cinquante de ses frères.

Ainsi, c'était dans sa propre famille qu'Artaxerce, jusqu'à son dernier jour, était destiné à trouver d'implacables ennemis. Après avoir failli dans sa jeunesse périr sous les coups de son frère Cyrus, il vit encore ses vieux jours menacés par l'ambition du fils même auquel il destinait l'empire après lui. Cet affreux parricide ne fut pourtant point accompli, et les desseins criminels de ces enfants dénaturés ayant été découverts, le roi, aussi impitoyable envers eux qu'ils l'eussent été envers lui-même, les fit tous mettre à mort, comme ils le méritaient. Mais Artaxerce, déjà consumé de tant de peines amères, ne put supporter cette nouvelle affliction, et il mourut fatigué de la vie, après un règne long et glorieux, mais pendant lequel le malheur n'avait pas cessé de le poursuivre.

Parmi les fils du roi qui lui survivaient, se trouvait un prince, appelé Ochus, qui était plus rusé ou plus heureux que tous les autres.

Celui-ci, ayant été seul témoin de la mort de son père, agit avec tant d'adresse, qu'il parvint à cacher cet événement à tout l'empire pendant dix mois entiers. A la faveur de ce mystère, il donna constamment des ordres à tous les gouverneurs au nom du prince mort, et ne laissa découvrir la tromperie qu'après s'être défait en un seul jour de tous les princes de la famille royale, de peur que quelqu'un d'entre eux ne songeât à lui disputer la couronne.

A cet effet, il attira par une odieuse trahison, dans une cour intérieure de son palais, non-seulement les cent un frères qni lui restaient, mais encore ses oncles, ses cousins et tous ses neveux, qu'il fit tuer à coups de flèches sans qu'ils pussent se défendre.

Sa propre sœur Ocha, que jusqu'à ce jour il avait paru affectionner particulièrement, ayant osé déplorer une pareille horreur, fut enterrée toute vive par son ordre. Une seule princesse de la famille royale, nommée Sisygambis, fut assez heureuse pour sauver de ce massacre un petit garçon dont elle était mère.

Les premières actions d'Ochus, mes enfants, annoncèrent donc à la Perse un règne sanguinaire et terrible ; car que pouvait-on attendre d'un prince qui, pour s'assurer l'empire, n'avait point hésité à égorger tous ses parents ?

Il faut pourtant que je vous dise que dans ce pays, les frères, les oncles, les neveux, les cousins des rois, ne se connaissaient guère entre eux, et par conséquent ne pouvaient s'aimer. On les élevait séparément dans des palais, où, au lieu de leur faire connaître le bonheur de vivre ensemble dans la paix et l'union, comme de bons parents, on leur enseignait, dès l'enfance, à se défier les uns des autres. Aussi lorsque le pouvoir tombait à quelque prince impitoyable, son premier soin était-il presque toujours de sacrifier à sa propre sûreté tous les membres de sa famille, dont l'existence aurait pu lui porter ombrage.

Cependant, Ochus, à peine parvenu au trône, se trouva chargé de soins importants. L'Égypte, cette belle contrée que les rois de Perse avaient presque toujours possédée depuis que le furieux Cambyse s'en était emparé, se révolta de nouveau contre ses maîtres, et Ochus fut contrait de marcher avec une armée contre le roi que les Égyptiens s'étaient donné.

Dans ce temps-là, les rois de Perse pouvaient aisément réunir un nombre immense de soldats. Depuis les conquêtes du grand Cyrus et de Cambyse, leur puissance s'étendait sur une grande partie de l'Asie. Les Grecs eux-mêmes, ces vaillants guerriers que vous connaissez déjà, après avoir combattu les Perses, leur prêtaient quelquefois l'appui de leurs armes ; et l'exemple des Dix mille vous a montré tout ce que cette nation pouvait produire de courage et de ténacité.

349. Ochus conduisit donc en Égypte une armée considérable. Dans une seule bataille, livrée auprès de Péluse, il mit en déroute celle des Égyptiens, et força Nectanébo, leur roi, à chercher un refuge en Éthiopie, où il faut croire qu'il périt, car depuis ce temps on n'entendit jamais parler de lui. Le vainqueur se rendit maître de Memphis et de toutes les villes de cette contrée ; mais comme si ce pays eût été destiné à être le théâtre des fureurs des rois de Perse, il surpassa encore Cambyse en extravagance et en cruauté.

Ainsi, on le vit renverser des temples, brûler des villes, égorger des prêtres, et enfin mettre le comble à ces stupides barbaries, en faisant servir le bœuf Apis rôti, dans un festin qu'il donnait à ses courtisans.

Le bœuf Apis n'avait certainement rien de plus divin que tout autre animal de son espèce ; mais vous savez la vénération que tous les Égyptiens portaient à cette bête, et vous ne serez point surpris du ressentiment qu'ils éprouvèrent de ce qui leur semblait un affreux sacrilége.

Parmi les généraux de l'armée des Perses se trouvait un officier nommé Bagoas, qui était habile et courageux. Bagoas était Égyptien d'origine; il ne put sans indignation être témoin du sacrilége d'Ochus, et résolut d'en tirer une terrible vengeance. Cet homme, qui était attaché à la personne du roi, dont il possédait toute la confiance, trouva moyen de l'empoisonner dans un festin; puis, lorsqu'il fut mort, sa haine n'étant point encore satisfaite, il fit dévorer sa chair par des chiens, comme Ochus avait fait dévorer celle du dieu Apis par ses courtisans. Il ordonna en outre que l'on fabriquât avec les os du monarque des manches de couteaux, dont il affecta de se servir habituellement à table, pour montrer que le sacrilége avait été puni là où il avait commis son crime.

Après cette vengeance, il eût été facile

338.

à Bagoas de mettre la couronne sur sa propre tête; mais il aima mieux faire des rois que de le devenir, et désigna d'abord le plus jeune des fils d'Ochus, appelé Arsès; mais bientôt, mécontent de son élève, qu'il jugea capable de marcher sur les traces de son père, et apprenant que Sisygambis avait sauvé un jeune enfant du massacre de la famille royale, il plaça ce prince sur le trône, et lui donna le nom de Darius Codoman.

336.

Vous ferez bien de remarquer ici que trois rois de Perse ont porté le nom de Darius. Le premier fut Darius, fils d'Hystaspe, élevé au trône après le meurtre de Smerdis le Mage; le second, Darius Nothus, qui succéda à son père Artaxerce Longue Main, et enfin Darius Codoman, choisi par Bagoas, et qui fut certainement le plus malheureux de tous, puisque l'empire des Perses périt avec lui.

LA CHUTE DE DARIUS.

Depuis l'an 336 jusqu'à l'an 323 avant J. C.

Darius III ou Codoman, élevé dans l'infortune et la retraite par sa mère Sisygambis, princesse sage et vertueuse, à laquelle il devait deux fois la vie, était digne, par ses belles qualités, de la brillante position où Bagoas l'avait placé. Dès sa jeunesse, il déploya un grand courage à la guerre, et lorsqu'il fut parvenu au trône, son unique désir eût été de rendre ses peuples riches et puissants. Malheureusement il n'eut pas le temps de réaliser ses bonnes intentions, et nous allons voir combien il eût mieux valu pour lui ne jamais recevoir l'empire, que d'éprouver tous les malheurs qui l'attendaient sur le trône.

Bagoas, cet ambitieux qui avait déjà fait ou défait trois rois, s'était d'abord flatté de ployer Darius à ses volontés, et de gouverner seul la Perse sous le nom de ce prince. Mais il ne tarda pas à s'apercevoir que le nouveau roi était incapable de se prêter ainsi aux caprices d'un sujet, et, déjà las de l'avoir placé si haut, il prit la résolution de s'en défaire en l'empoisonnant, comme il avait empoisonné Ochus; mais Darius, plus clairvoyant que ce dernier, parvint à découvrir ce complot, et ayant adroitement changé de coupe avec son ministre, celui-ci avala le poison qu'il avait préparé de ses propres mains. Sa mort délivra Darius d'un ennemi dangereux autant qu'habile, sans que pour cela on pût l'accuser d'ingratitude, puisque Bagoas lui-même était l'auteur de sa propre perte.

334. Cependant un péril plus grand encore que le complot de cet Égyptien menaçait à la fois le roi de Perse et son empire. Les Grecs, ces peuples guerriers dont le

premier Darius et son fils Xerxès avaient éprouvé la valeur, et que la retraite des Dix mille avait fait redouter de toute l'Asie, se trouvèrent réunis sous un seul chef, et vinrent porter la guerre au sein même du royaume des Perses. Ce chef était ALEXANDRE, roi de Macédoine, que l'on a surnommé LE GRAND, à cause des grandes choses qu'il a accomplies.

Je ne vous raconterai point ici l'histoire merveilleuse de ce prince, qui, avec une poignée d'hommes, attaqua le plus puissant empire de la terre, et le renversa complétement. Vous en trouverez le récit dans un autre livre que vous étudierez après celui-ci. Il faut seulement que vous sachiez qu'après plusieurs batailles sanglantes gagnées par les Grecs, la reine Sisygambis, STATIRA, femme de Darius, et toute la famille de ce monarque infortuné, tombèrent au pouvoir du vainqueur, et que ce prince lui-même périt, peu de temps après, sous les coups d'un traître nommé BESSUS.

333.

330.

Par ces victoires, Alexandre le Grand

se rendit entièrement maître du vaste royaume des Perses, et il fût devenu le plus puissant roi qui eût jamais existé, si une mort prématurée ne l'eût arrêté au milieu de sa prodigieuse fortune, au moment même où elle paraissait ne plus avoir de bornes.

323.

Alexandre ne survécut donc qu'un petit nombre d'années au malheureux Darius. Mais, après lui, l'empire des Perses ne se releva point pour cela d'une si affreuse secousse ; fondé par le grand Cyrus, il avait péri avec Darius Codoman.

Si vous êtes assez raisonnables, mes enfants, pour écouter attentivement la leçon qu'il faut tirer de cette grande catastrophe qui changea la face du monde, je vous prie de ne point l'oublier, parce qu'elle pourra vous être utile dans le cours de vos études.

Vous ferez donc bien de remarquer que lorsque les premiers Assyriens se furent abandonnés à la mollesse et aux débauches, leur puissance s'écroula sous

Sardanapale, que Babylone périt dans le tumulte d'un festin avec son roi Balthazar, et qu'enfin, si Darius Codoman ne put pas défendre son empire contre les Macédoniens, c'est que les Perses, amollis par les usages des Mèdes, ne ressemblaient plus en aucune façon aux compagnons du grand Cyrus, nourris de cresson et ne buvant que de l'eau.

Ainsi vous verrez tous les empires s'élever par le courage et la sobriété, et périr par la lâcheté et l'intempérance. Si vous retenez cette leçon, lorsque quelqu'un prendra le soin de vous interroger, je suis certain que vos parents et vos maîtres ne regretteront pas la peine qu'ils se seront donnée pour vous instruire.

LES SUCCESSEURS D'ALEXANDRE.

Depuis l'an 323 jusqu'à l'an 305 avant J. C.

Lorsque Alexandre eut cessé de vivre, comme je viens de vous le raconter, il ne restait de toute sa famille qu'un seul prince presque imbécile, nommé Arrhidée, que l'on éleva d'abord au trône, parce qu'il était frère de ce grand roi; mais quelques mois plus tard, Roxane, veuve d'Alexandre, ayant mis au monde un petit garçon, cet enfant reçut le nom d'Alexandre Ægus, et partagea la couronne avec son oncle Arrhidée.

C'était bien peu qu'un prince imbécile et un tout petit enfant pour gouverner le vaste empire qu'Alexandre avait fondé par la force de ses armes; car ce grand homme, en renversant le puissant royaume des Perses, avait soumis les plus riches contrées de l'Asie à la domination macédonienne.

Or, à la tête de l'armée d'Alexandre se trouvaient alors plusieurs généraux qui non-seulement avaient partagé sa gloire et ses travaux, mais encore dont les exploits avaient puissamment contribué aux succès éclatants des ses armes. Le plus illustre d'entre eux était PERDICCAS, qui, par un respect affecté pour la mémoire de son maître, avait exigé qu'Arrhidée et Alexandre Aigus occupassent en commun ce trône qu'ils étaient l'un et l'autre incapables de conserver; mais Perdiccas, qui avait beaucoup d'ambition, s'était flatté de régner sous leur nom, et d'exercer seul la puissance souveraine.

Après lui venait PTOLÉMÉE, fils de LAGUS, qu'Alexandre aimait comme un frère, et auquel il avait donné l'Égypte à gouverner; puis ANTIPATER, SÉLEUCUS, LYSIMAQUE, ANTIGONE, et EUMÈNE, qui était, dit-on, le plus honnête homme de tous ses compagnons. Perdiccas livra d'abord des gouvernements à chacun de ces capitaines pour les contenter, espérant qu'ils seraient aussi fidèles à leurs nouveaux maîtres qu'ils l'avaient été à Alexandre lui-même; mais il s'aperçut bientôt qu'il s'était trompé, car tous ces ambitieux se révoltèrent à la fois, et, de simples gouverneurs qu'il étaient, prétendirent à leur tour devenir rois des provinces qui leur avaient été confiées.

321. Il s'ensuivit alors une grande guerre, dans laquelle Perdiccas fut massacré par ses propres soldats; et, bientôt après, Eumène, qui avait embrassé avec lui le parti des rois Alexandre et Arrhidée que personne ne respectait plus, fut mis à mort par Antigone, son ancien ami.

Cependant, au milieu de tant de meurtres et de combats, personne encore n'avait osé verser le sang de la famille d'Alexandre, lorsqu'une femme en donna le premier exemple.

A cette époque, la reine Olympias, mère du conquérant, vivait encore. C'était une femme orgueilleuse et vindicative, qui, au lieu de faire tous ses efforts pour rétablir la paix dans l'empire, mit le comble aux malheurs publics par la haine implacable qu'elle portait à Arrhidée. Ce prince imbécile et sa femme Eurydice furent égorgés par son ordre, avec cent de leurs principaux amis, pour que le titre de roi de Macédoine appartînt sans partage au petit Ægus. Mais cette princesse cruelle fut bientôt punie de ce crime, car étant tombée elle-même au pouvoir de Cassandre, fils d'Antipater, homme féroce et impitoyable, ce chef, sous prétexte de venger le meurtre d'Arrhidée, la condamna à mort, et fit entourer la maison où elle était enfermée par deux cents soldats chargés de l'égorger. Deux cents soldats pour tuer une faible femme! me direz-vous, c'était une force bien inutile; mais tel était le respect que ces hommes, tout grossiers qu'ils fussent, conservaient encore pour

316.

le sang d'Alexandre, qu'aucun d'eux n'osa porter la main sur celle qui avait été sa mère. Il fallut que Cassandre, pour accomplir ce meurtre, fît appeler les parents de ceux mêmes qu'elle avait fait mourir avec Arrhidée, qui cette fois ne l'épargnèrent pas.

Telle fut la fin de cette princesse, qui avait été fille, sœur, femme et mère de rois, et que personne ne put plaindre, parce qu'elle avait été impitoyable envers sa propre famille. Cassandre, qui avait pris en même temps Roxane et son fils Aigus, les jeta d'abord dans une étroite prison, où bientôt après il les fit étrangler.

Ainsi, moins de douze ans après la mort d'Alexandre, il ne restait plus aucune personne de sa famille, et son immense héritage était déchiré par ses anciens compagnons d'armes. On dit pourtant qu'au milieu de tant d'horreurs, ceux même qui exterminaient sa race tremblaient encore à l'aspect de la statue de ce grand homme qui avait été leur maître, et en détournaient les yeux avec terreur.

Cette histoire est déplorable, puisqu'elle nous apprend que toute la puissance du plus fameux des conquérants ne fit que causer la perte de son fils et de ses autres parents. Le malheureux Darius fut ainsi promptement vengé des maux qu'il avait soufferts; mais l'Asie demeura, pendant de longues années encore, en proie à toutes sortes de calamités.

Cassandre, Ptolémée, et les autres généraux qui, à leur exemple, aspiraient ouvertement à porter des couronnes, voyant la famille royale de Macédoine entièrement éteinte, se disputèrent entre eux les débris de l'empire, et comme Antigone était le plus puissant d'eux tous, ses rivaux se réunirent contre lui pour le renverser et s'enrichir de ses dépouilles.

LE COLOSSE DE RHODES.

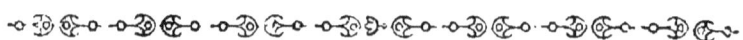

Depuis l'an 305 jusqu'à l'an 301 avant J. C.

Antigone avait un fils, nommé DÉMÉTRIUS, qui n'était pas moins redoutable que son père; c'était un si vaillant guerrier qu'on lui avait donné le surnom de POLIORCÈTES, ce qui, en langue grecque, voulait dire le PRENEUR DE VILLES.

305. Dans ce temps-là, les habitants d'une île fameuse, appelée RHODES, peu distante du rivage d'Asie, et autrefois soumise au grand Alexandre, se révoltèrent contre ses successeurs, et, ayant égorgé en un seul jour toute la garnison macédonienne, entreprirent de se rendre indépendants, c'est-à-dire de se gouverner par eux-mêmes.

Un succès complet parut d'abord couronner cette tentative. Mais Démétrius leur ayant ordonné de lui envoyer des soldats et de l'argent, ils refusèrent d'obéir à ses volontés, et forcèrent ce prince à venir en personne les assiéger avec une grande armée, et un nombre prodigieux de machines de guerre qui lançaient des pierres et des flèches; car vous savez sans doute que les anciens ne connaissaient pas l'usage de la poudre à canon ni celui des armes à feu, dont on se sert aujourd'hui dans les siéges et dans les batailles.

304.

De leur côté, les Rhodiens déployèrent d'énergiques moyens de défense; mais ils auraient sans doute fini par succomber malgré leur courage, si Ptolémée, roi d'Égypte, en venant à leur secours à la tête d'une flotte considérable, n'eût contraint Démétrius d'épargner cette malheureuse ville, déjà presque épuisée par un siége opiniâtre et meurtrier qui durait depuis plus d'une année.

Les Rhodiens, reconnaissants envers Ptolémée, qui les avait tirés d'un si grand péril, lui donnèrent le surnom de Soter, ce qui veut dire Sauveur, que l'histoire lui a conservé, et s'engagèrent par serment à ne jamais prendre les armes contre un prince qui leur avait rendu un si grand service.

Quant à Démétrius le Preneur de villes, qui n'avait pourtant pu prendre celle-là, comme il avait un cœur trop généreux pour conserver le moindre ressentiment contre ceux qui avaient été ses ennemis, il fit présent aux Rhodiens, avant de quitter leur île pour rejoindre son père Antigone, de toutes les machines de guerre qu'il avait employées contre eux.

Les habitants de Rhodes, attribuant leur délivrance à la protection d'Apollon, dieu du soleil, auquel ils n'avaient cessé d'offrir des sacrifices pendant le siége de leur ville, imaginèrent de tirer parti de cet immense attirail pour élever un monument durable à cette prétendue divinité.

A cet effet, ayant vendu à des marchands étrangers tout le cuivre, le fer et les autres métaux qui entraient dans cette multitude de machines de guerre, avec l'argent qu'ils en tirèrent, ils placèrent à l'entrée de leur port une énorme statue d'airain représentant le dieu, et dont l'élévation était si considérable, que ses deux pieds étant posés sur des rochers écartés, les plus gros navires pouvaient passer à pleines voiles entre ses jambes. Ce monument gigantesque avait plus de cent pieds de hauteur, et l'on dit qu'aucun homme ne pouvait entourer de ses deux bras le pouce de l'un de ses pieds.

C'était là, mes enfants, ce que l'on a nommé le COLOSSE DE RHODES, qui passait autrefois pour l'une des merveilles du monde, comme les pyramides d'Égypte. Douze années entières suffirent à peine pour le construire, mais il n'exista guère plus de soixante ans au lieu où il avait été placé. A cette époque, un terrible tremblement de terre, qui dévasta plusieurs provinces d'Asie, n'épargna point l'île de Rhodes, et le fameux colosse lui-même fut renversé et mis en pièces.

Il demeura dans cet état pendant un grand nombre d'années, au bout desquelles un chef ennemi, qui s'était emparé de Rhodes, vendit les débris du colosse à des marchands juifs, qui en eurent la charge de neuf cents chameaux, ce qui est prodigieux, car vous n'ignorez pas que ces robustes animaux portent des fardeaux considérables.

Cependant Démétrius venait à peine de rejoindre en Asie son père Antigone, lorsque ces deux princes apprirent que Ptolémée, Lysimaque, Séleucus et Cassandre s'avançaient pour les combattre avec de grandes armées. Le père et le fils, réunis, remportèrent d'abord plusieurs victoires éclatantes sur ces redoutables ennemis ; mais s'étant rencontrés de nouveau près d'un bourg de l'Asie Mineure, 301. nommé Ipsus, ce lieu devint le théâtre d'une dernière bataille. Antigone y perdit la vie, et Démétrius, n'ayant pu parvenir à rallier les débris de son armée, se vit forcé de prendre la fuite, et d'abandonner à ses rivaux la plus grande partie des provinces qu'il possédait.

Je dois vous faire remarquer ici, mes enfants, que cette bataille d'Ipsus décida du sort de l'empire d'Alexandre, que les vainqueurs partagèrent entre eux en quatre royaumes.

Par suite de cet événement, Ptolémée Soter, resté maître de l'Égypte, devint le chef d'une longue dynastie de rois, que l'on a nommés les Lagides, à cause de leur aïeul Lagus.

Séleucus se mit en possession du royaume de Syrie, qu'il forma des provinces de l'empire des Perses en Asie comprises entre l'Euphrate et l'Indus, autre grand fleuve de cette partie du monde. Antiochus Épiphanes, qui traita avec tant de cruauté les Israélites, comme vous l'avez vu dans l'histoire des Machabées, était un des descendants de ce prince, auxquels on donnait le nom de Séleucides.

Quant à Lysimaque, il fonda un

royaume de Thrace qui comprenait une portion de l'Asie Mineure, et qui passa bientôt après lui dans d'autres familles.

Enfin, Cassandre devint roi de Macédoine, comme le grand Alexandre l'avait été. Il n'y eut donc que Démétrius Poliorcètes qui, après avoir si vaillamment combattu, se trouva sans royaume et presque sans asile, ainsi que je vous le raconterai tout à l'heure.

Vous ferez bien de jeter un coup d'œil sur une carte géographique, afin de mieux comprendre quelles furent les contrées que chacun des vainqueurs d'Ipsus s'attribua dans le partage qui suivit cette bataille.

DÉMÉTRIUS ET LES ATHÉNIENS.

Depuis l'an 301 jusqu'à l'an 278 avant J. C.

Avant d'être vaincu à la bataille d'Ipsus, Démétrius Poliorcètes avait été puissant et redouté de tous les peuples voisins; mais il n'avait fait qu'un bon usage de sa haute fortune, en comblant de biens plusieurs villes de différents pays, parmi lesquelles celle d'Athènes, en Grèce, avait été la plus favorisée. C'était cette même Athènes, autrefois fondée par l'Égyptien Cécrops, et dont je vous ai dit que le sage Solon était originaire.

Démétrius donc, en partant pour la guerre, avait confié sa femme et ses enfants aux Athéniens, qu'il croyait ses meilleurs amis, persuadé que sa famille ne saurait être nulle part plus en sûreté.

Mais la perte inattendue de la bataille d'Ipsus l'ayant contraint de prendre la fuite, sa première pensée fut de chercher un refuge dans une ville qui lui avait tant d'obligations, et où il ne doutait pas que tous les bras ne s'armassent pour sa défense. Or, les rois malheureux ne conservent guère d'amis ; et comme les Athéniens n'avaient plus rien à espérer du prince fugitif, ils furent assez ingrats pour lui refuser l'entrée de leur ville. Ils lui renvoyèrent même sa femme et ses enfants, sous prétexte de les soustraire aux poursuites de ses ennemis, avec lesquels ils s'étaient empressés de faire alliance.

Démétrius sentit vivement l'ingratitude de ce peuple qu'il avait comblé de bienfaits, et cette pensée vint ajouter encore à l'amertume de ses revers, parce qu'il comprit alors que sa mauvaise fortune tournait contre lui ceux même qu'il avait trouvés le plus dévoués à sa personne au temps de sa prospérité.

A quelques mois de là, le sort parut un moment sourire à ce vaillant prince;

il vainquit plusieurs de ses ennemis, et ayant assemblé une nouvelle armée, l'un de ses premiers soins fut de marcher contre les Athéniens, qui, de leur côté, se préparèrent à repousser opiniâtrément leur bienfaiteur.

Celui-ci vint donc mettre le siége devant leur ville, et l'ayant entourée de tous côtés au moyen de ses troupes, il réduisit bientôt les habitants à toutes les horreurs de la famine, qu'ils supportèrent pendant plusieurs mois avec patience, espérant que leurs nouveaux alliés ne les abandonneraient pas dans un si grand péril. Mais une flotte que Ptolémée Soter envoyait pour les secourir, comme il avait secouru les Rhodiens, ayant été mise en fuite par Démétrius, ce prince se rendit bientôt après maître d'Athènes, qu'il parut disposé à traiter avec une extrême rigueur.

Le vainqueur ordonna que tous les chefs de famille s'assemblassent sans armes sur la place publique, où il les fit environner de soldats tenant en main leur épée nue.

Grande fut la terreur de ces malheureux, lorsqu'ils se virent ainsi menacés de la vengeance d'un prince qu'ils avaient si indignement outragé; aucun d'eux ne douta qu'il ne les eût ainsi rassemblés pour les exterminer, et tous gardaient un morne silence, quoique la pâleur de leur front laissât assez voir quelles angoisses ils éprouvaient.

La plupart d'entre eux, regrettant de n'avoir pas succombé lorsque la faim dépeuplait leur ville, commençaient à déplorer tout bas le triste sort qui leur était réservé, quand Démétrius, montant sur son tribunal, au lieu de leur montrer un visage irrité, leur représenta avec douceur combien ils avaient été ingrats envers lui, et ne pouvant retenir ses larmes à la vue de tout ce peuple consterné: « Et moi, ajouta-t-il, je veux que la terreur que vous avez éprouvée soit votre seul châtiment. Maintenant, vous pouvez retourner chacun chez vous. Tandis que vous étiez ici, mes soldats, par mon ordre, ont porté dans vos maisons le blé nécessaire à la nourriture de vos familles, et je n'ai pas voulu que ma victoire fît couler les larmes d'un seul Athénien. »

Il me serait difficile de vous peindre quels transports de joie éclatèrent parmi les assistants en entendant ces paroles ; chacun s'en retourna chez soi en bénissant la clémence de Démétrius, qui, fidèle à sa promesse, avait effectivement fait distribuer au peuple d'Athènes cent mille mesures de blé, qu'il ne pouvait employer à un meilleur usage.

Ce prince généreux méritait certainement un sort prospère, puisqu'il savait si bien pratiquer le pardon des injures ; mais la fortune ne lui demeura pas longtemps fidèle. Vaincu dans de nouveaux combats, il tomba vivant entre les mains de Séleucus, roi de Syrie, l'un de ses adversaires les plus acharnés, quoique Démétrius lui eût donné sa propre fille en mariage ; et celui-ci, satisfait d'avoir privé de sa liberté un prince si redoutable, l'enferma dans un château, où, quoique captif, il lui permit néanmoins de jouir de toutes les douceurs de la vie, et même de prendre le plaisir de la chasse dans un beau parc. Mais un si brave guerrier ne pouvait longtemps s'accommoder d'une existence oisive et sans gloire. Au bout de trois ans, consumé d'ennui et de chagrins, il mourut avec le regret de voir ses ennemis triompher de sa défaite, et se partager ses dépouilles.

283.

Son fils ANTIGONE GONATAS, plus heureux que lui, et malgré les efforts de PYRRHUS, roi d'Épire, son voisin, que nous retrouverons dans l'histoire romaine, chassa les fils de Cassandre du royaume de Macédoine, que sa postérité conserva pendant de longues années; et si Démétrius Poliorcètes n'eut pas le bonheur de conquérir une couronne dont il était digne, sa race n'en fut pas moins, après lui, appelée à régner sur un grand royaume.

278.

LA BIBLIOTHÈQUE D'ALEXANDRIE.

Depuis l'an 301 avant J. C.

Après que la bataille d'Ipsus l'eut affermi sur le trône d'Égypte, Ptolémée Soter ne songea plus qu'à rendre ce pays florissant; et il y parvint en peu d'années, malgré les guerres qu'il fut encore forcé d'entreprendre et de soutenir.

Ce prince, tout guerrier qu'il était, aimait les sciences et les hommes instruits, parce qu'il savait que les plus glorieuses actions des peuples et des rois seraient bientôt oubliées, s'il ne se trouvait personne pour les écrire et en conserver la mémoire.

Il appela donc autour de lui les personnages les plus savants de son temps, et réunit dans la ville d'ALEXANDRIE, qu'Alexandre le Grand avait fondée en Égypte, une immense quantité de livres, dont il composa la première bibliothèque qui ait jamais existé. Or, dans ce temps-là, les livres n'avaient pas la forme de ceux que l'heureuse invention de l'imprimerie a tant multipliés parmi nous. C'était sur des morceaux d'écorce d'un arbre nommé PAPYRUS que l'on écrivait péniblement les ouvrages les plus longs et les plus difficiles ; c'est là ce que l'on nomme des MANUSCRITS, ce qui veut dire des livres écrits à la main.

Ces papyrus, ainsi remplis, ne formaient pas des volumes comme ceux dont nous nous servons à présent ; mais ils étaient réunis en gros rouleaux, que l'on déployait ensuite avec précaution lorsqu'on voulait les lire. Vous jugez bien que cela n'était ni commode ni agréable, et qu'avec de telles difficultés, les livres devaient être fort chers et fort rares. Cela doit vous faire comprendre combien nous devons de reconnaissance à ceux qui, les premiers, ont inventé l'imprimerie, au moyen de laquelle chacun peut s'instruire si aisément, et qui ne laisse plus à personne de prétexte pour rester ignorant.

Quoi qu'il en soit, la bibliothèque d'Alexandrie, fondée par Ptolémée Soter, fut portée par les successeurs de ce prince jusqu'à sept cent mille volumes, tous manuscrits. Cette bibliothèque était un véritable trésor, bien autrement estimable que les richesses d'or et d'argent dont Crésus avait été si orgueilleux, puisque toutes les connaissances humaines y étaient déposées, comme dans un immense réservoir où chacun pouvait les retrouver.

Malheureusement, dans une guerre dont l'Égypte devint le théâtre, la plus grande partie de cette vaste bibliothèque fut brûlée par accident, et avec elle périrent des trésors incroyables de science, dont rien ne saurait réparer la perte. Que d'histoires perdues aujourd'hui seraient parvenues jusqu'à nous, et combien nous serions surpris peut-être de trouver des inventions que nous croyons toutes nouvelles, écrites sur les vieux papyrus d'Alexandrie !

Depuis cette époque, dans cette même ville, une nouvelle bibliothèque non moins considérable fut formée des débris de celle des Ptolémées, augmentés d'un nombre considérable de manuscrits que les derniers princes de la famille des Lagides y avaient fait apporter des diverses parties du monde. Nous verrons, dans une autre histoire, quel fut le sort de ce vaste dépôt des sciences, dont il faudra vous rappeler alors l'origine antique et les principales vicissitudes.

Dans le même temps que Ptolémée formait cette précieuse collection de livres, il faisait construire auprès de sa capitale une tour célèbre, que l'on a comptée pendant longtemps parmi les merveilles du monde. C'était un bâtiment de marbre blanc qui s'élevait à une hauteur considérable, dans une petite île nommée PHAROS, peu éloignée du rivage d'Alexandrie, et où chaque nuit on entretenait des feux pour servir de guide aux navigateurs, qui pouvaient les apercevoir à une grande distance en mer. C'est de cette tour de Pharos, que l'on a donné depuis le nom de PHARE à tous les édifices destinés à guider pendant la nuit les navires auprès des côtes, comme on en trouve à présent dans presque tous les pays.

Ptolémée, pour s'immortaliser par cet ouvrage vraiment utile, voulut faire inscrire son nom en gros caractères sur le marbre même de la tour. Mais son orgueil fut trompé en cela par l'architecte qui avait construit ce monument, car cet homme, au lieu de graver le nom du roi sur le marbre, se servit d'un enduit que l'intempérie des saisons fit promptement disparaître. Alors, au lieu du nom de Ptolémée, on ne vit plus que celui de l'architecte SOSTRATE, dont la vanité aurait été satisfaite, si lui même n'eût pas déjà cessé de vivre longtemps avant cette époque.

La race des Lagides régna pendant plusieurs siècles sur l'Égypte, et donna successivement à ce pays seize rois, qui tous portèrent le nom de Ptolémée. On les distingue entre eux par des surnoms, dont quelques-uns sont très-remarquables. Ainsi le premier Ptolémée fut surnommé Soter par les Rhodiens reconnaissants, je vous l'ai dit. Son second fils Ptolémée, à qui de son vivant même il céda volontairement la couronne, reçut le nom de Philadelphe, c'est-à-dire « qui aime son frère ou sa sœur; » et vous saurez que nous devons à ce prince, ami des lettres et des sciences comme son illustre père, d'avoir fait faire une traduction en langue grecque des livres de l'Écriture sainte composés originairement en hébreu, et que l'on nomme la version des septante, parce qu'elle fut achevée, sous les yeux de ce monarque lui-même, par soixante-dix savants juifs, qu'il avait appelés à Alexandrie, de toutes les provinces de l'Asie, pour l'accomplissement de ce grand travail.

Il y eut encore un Ptolémée Évergète, ou le Bienfaisant; un Ptolémée Philopator, ou qui aime son père; et enfin, un autre Ptolémée Philometor, ce qui veut dire l'ami de sa mère. Mais il ne faut pas croire que tous ces princes aient mérité les désignations qu'on leur a données. Ptolémée Évergète fut un des rois les plus cruels de sa race, et celui qui avait été surnommé Philopator, fut soupçonné de s'être souillé d'un horrible parricide, en empoisonnant son père.

Je n'essayerai pas, mes enfants, de vous raconter ici l'histoire de tous ces princes, qui vous offrirait peut-être peu d'intérêt : vous saurez seulement que ce fut un usage chez eux d'épouser leurs sœurs pour les élever au trône ; et la fameuse Cléopâtre, reine d'Égypte, avec laquelle nous ferons connaissance dans un autre livre, fut successivement la femme des deux derniers Ptolémées, quoiqu'elle fût également leur propre sœur.

LE ROYAUME DES SÉLEUCIDES.

Depuis l'an 301 jusqu'à l'an 278 avant J. C.

Dans le même temps que Ptolémée Soter consolidait en Égypte la royauté des Lagides, Séleucus, qui avait créé en Asie le royaume de Syrie, s'occupait aussi de le rendre florissant par la fondation d'un certain nombre de villes, dont quelques-unes acquirent par la suite une grande célébrité. ANTIOCHE, à laquelle il donna le nom de son fils ANTIOCHUS, et qu'il peupla d'abord de Grecs, de Juifs et de Macédoniens, parvint en peu d'années au plus haut degré de splendeur, et ce fut là qu'il établit le siége de son empire.

Vous retrouverez plus tard, dans d'autres histoires, cette grande ville d'Antioche, devenue le théâtre de plusieurs événements remarquables, et vous vous souviendrez alors qu'elle fut bâtie par le premier roi de la race des Séleucides.

Cependant, au milieu des soins importants que devait imposer aux successeurs d'Alexandre la conservation des nouveaux États qu'ils avaient fondés, une vieille rivalité continuait à diviser le roi de Syrie, Séleucus, et le roi de Thrace, Lysimaque, quoiqu'ils fussent anciens compagnons d'armes, et qu'ils eussent réuni leurs forces pour accabler Démétrius Poliorcètes, avant et après la bataille d'Ipsus.

Ces deux princes, s'étant donc brouillés, marchèrent l'un contre l'autre avec de grandes armées, et se rencontrèrent dans une plaine d'Asie nommé CYROPÉDION, c'est-à-dire le champ de Cyrus, où ils se livrèrent une sanglante bataille. Lysimaque y perdit la vie en combattant, et Séleucus, qui prit alors le nom de NICATOR, ou le Victorieux, se rendit maître des royaumes de Thrace, de Macédoine, et des provinces que Lysimaque possédait

281.

auparavant dans l'Asie Mineure; de sorte qu'en ce moment, le royaume de Syrie s'étendit depuis la Grèce jusqu'au fleuve Indus. Mais Séleucus ne jouit pas longtemps de son triomphe; car, peu d'années après, comme il offrait un sacrifice

280. solennel dans un temple des dieux, il fut poignardé, au pied de l'autel même, par le fils aîné du roi d'Égypte, nommé PTOLÉMÉE CÉRAUNUS, ou le Tonnerre, à cause de l'impétuosité de son caractère. Le meurtrier se fit aussitôt proclamer roi de Thrace et de Macédoine, et l'empire des Séleucides se trouva de nouveau renfermé en Asie.

Mais le farouche Céraunus régnait à
279. peine depuis un an sur ce double royaume, lorsque des barbares, nommés GALATES ou GAULOIS, conduits par un chef de leur nation appelé BELGIUS, se répandirent en Macédoine, et menacèrent la Grèce d'une invasion formidable. Ptolémée, à la tête d'une armée, entreprit d'arrêter leurs ravages; mais ayant été vaincu et pris par Belgius, ce chef lui fit

trancher la tête, qui fut promenée par son ordre au bout d'une lance dans le camp des barbares.

Cependant la défaite de Ptolémée Céraunus et l'approche des Gaulois avaient répandu la terreur dans toute la Grèce, qui ne voyait plus d'armées à opposer aux dévastations de ces peuples; mais l'avidité des barbares pour le pillage devint la cause de leur perte.

Un de leurs chefs, nommé Brennus, ayant succédé à Belgius, tué dans un second combat contre les Macédoniens, avait souvent entendu vanter les trésors immenses déposés dans un temple où se trouvait un oracle célèbre, que l'on venait consulter de tous les pays du monde. Ce temple était celui de Delphes, dont je vous parlerai dans l'Histoire grecque, et sur lequel vous apprendrez alors plusieurs choses fort curieuses.

Or, comme Brennus approchait de Delphes pour piller les richesses du temple, il s'éleva tout à coup un violent orage, accompagné d'une grêle si grosse

278.

qu'un grand nombre de soldats gaulois furent tués sur la place. En même temps un épouvantable tremblement de terre détacha des montagnes plusieurs énormes quartiers de rochers, qui, dans leur chute, écrasèrent une foule de barbares. L'épouvante et l'obscurité achevèrent de jeter le désordre dans leurs rangs, et se prenant mutuellement pour des ennemis, ils s'entre-tuèrent les uns les autres, et complétèrent ainsi leur propre ruine.

Les Grecs ne manquèrent pas d'attribuer à la divinité qu'ils adoraient dans le temple de Delphes la destruction de cette armée de barbares ; mais il faut bien nous garder de penser qu'il y eut rien de miraculeux dans cet événement. La plupart de ces hommes, se trouvant au milieu d'un pays ennemi et inconnu, obligés, pendant une saison rigoureuse, de coucher chaque nuit sur la terre couverte de neige, succombèrent à la fatigue et à la misère ; et Brennus lui-même, après avoir été blessé dans un combat, trouva la mort dans ces marches pénibles. Un petit nombre seulement de ces barbares, échappés à tant de causes de destruction, parvinrent à traverser le bosphore de Thrace, et se fixèrent dans une province de l'Asie Mineure, qui, depuis ce temps, prit le nom de GALATIE, ou pays des Galates.

Ce fut aussi vers cette époque que les descendants des anciens rois de Perse fondèrent un autre royaume auquel ils donnèrent le nom d'empire des PARTHES, ce qui veut dire les Fugitifs, parce qu'en effet ils avaient été obligés de fuir le pays d'où ils étaient originaires. Ces Parthes devinrent par la suite des peuples redoutables, que nous retrouverons dans d'autres histoires, et c'est pour cela qu'il est à propos de ne point oublier leur nom.

Le royaume de Syrie demeura pendant un grand nombre d'années dans la famille des Séleucides, qui ne descendit du trône que lorsque les Romains, que je vous ai déjà nommés dans l'Histoire sainte, se furent emparés de cette partie de l'Asie, ainsi que vous le verrez dans un autre livre.

ARATUS ET LES ACHÉENS.

Depuis l'an 280 jusqu'à l'an 240 avant J. C.

Pendant que l'Asie Mineure et la Macédoine étaient ravagées par les successeurs d'Alexandre, presque aussi barbares que les Gaulois, la désunion s'était mise parmi les villes grecques, qui formaient autant de petites républiques, c'est-à-dire autant d'États où il n'y avait point de rois. Ces villes étaient devenues ennemies les unes des autres, et rien n'est plus dangereux pour un pays que la mésintelligence de ses habitants.

Après la mort de Ptolémée Céraunus, Antigone Gonatas (ou de Goni), fils de Demétrius Poliorcètes, était parvenu au trône de Macédoine; et comme il n'avait pas moins d'ambition et de courage que son père, il conçut l'espoir de profiter de la discorde qui régnait parmi les Grecs pour les soumettre à sa domination.

Maintenant, si vous avez sous les yeux une carte de la Grèce ancienne, vous remarquerez aisément que cette contrée, presque entièrement environnée par la mer, est divisée en deux parties inégales par une langue de terre fort étroite, appelée l'ISTHME DE CORINTHE, sur laquelle était bâtie une ville riche et populeuse de ce nom. Chacune de ces deux parties avait reçu un nom particulier. La première était la Grèce proprement dite, où étaient situées la Macédoine, l'Épire, l'ATTIQUE, ou pays d'Athènes, et enfin l'ÆTOLIE et plusieurs autres provinces encore, que vous apprendrez à connaître plus tard; la seconde portait le nom de PÉLOPONÈSE, parce que, disait-on, le jeune Pélops, que son père Tantale avait autrefois méchamment mis à mort pour éprouver la divinité des dieux, y avait régné après avoir été rappelé à la vie.

Cette fable que raconte la mythologie n'est sans doute pas sortie de votre mémoire, et la crédulité des Grecs l'avait attribuée à un de leurs plus anciens rois. Le Péloponèse renfermait plusieurs provinces distinctes, dont l'Achaïe, l'Argolide, la Messénie, et la Laconie ou pays de Sparte, étaient les principales.

Or, il y avait alors en Achaïe douze petites villes, dont les habitants avaient juré entre eux de se défendre mutuellement contre tous ceux qui viendraient les attaquer, et l'on avait donné à l'union de ces douze cités le nom de ligue achéenne.

Sicyone, l'une des plus anciennes villes du Péloponèse, ne faisait point partie de cette ligue, quoiqu'elle fût fort voisine de l'Achaïe ; elle était gouvernée depuis de longues années par des hommes farouches et orgueilleux, auxquels les Grecs donnaient le nom de tyrans. Cependant il ne faut pas croire que ce mot de tyran signifiât toujours un prince cruel et superbe ; mais il suffisait qu'un homme

280.

se fût emparé du pouvoir dans une ville, sans le consentement de ses concitoyens, pour que ceux-ci le flétrissent de ce titre odieux. Sicyone donc obéissait à des tyrans, lorsqu'un généreux citoyen, nommé Clinias, ayant chassé celui qui régnait alors, les Sicyoniens, par reconnaissance, l'élevèrent volontairement au premier rang de la magistrature.

Déjà Clinias, par sa sagesse et ses vertus, commençait à rendre sa patrie heureuse et florissante, lorsque quelques méchants, qui regrettaient les tyrans,

264. ayant tué cet honnête homme, et avec lui tous ceux de ses amis et de ses parents qui tombèrent entre leurs mains, rétablirent la tyrannie, et en confièrent l'exercice à l'un d'eux, nommé Nioclès, que tout le monde haïssait à cause de sa mauvaise conduite et de sa dureté envers le peuple.

Cependant Clinias, en mourant, avait laissé un petit garçon appelé Aratus, qui n'était âgé que de sept ans lorsque son père et sa famille furent égorgés. Ce pauvre enfant, au milieu d'un si grand désastre, ne sachant où se cacher pour échapper aux soldats du tyran qui le cherchaient pour le tuer, eut la présence d'esprit d'aller demander un asile à la propre sœur de Nicoclès, à laquelle il ne laissa point ignorer le nom de ses parents. Mais cette dame était généreuse et compatissante. Elle prit pitié de l'orphelin, et le fit conduire secrètement dans une ville voisine, où il fut élevé avec soin par les amis de son père, et devint en quelques années un jeune homme habile et entreprenant.

Vous n'aurez point de peine à croire qu'Aratus, qui n'avait pu oublier le sort de son malheureux père, nourrissait une haine profonde contre les tyrans de sa patrie. Aussi, dès qu'il fut parvenu à l'âge de vingt ans, prit-il la résolution de tirer une vengeance éclatante de ces hommes cruels, et de les chasser à son tour de Sicyone, où ils n'étaient supportés qu'avec impatience par tout ce que cette ville renfermait encore de bons citoyens.

251. En effet, peu de temps après, ayant réuni quelques anciens amis de sa famille et de courageux jeunes gens auxquels il avait fait partager sa résolution, Aratus les conduit secrètement sous les murs de Sicyone, surprend cette ville pendant la nuit, force Nioclès à chercher son salut dans la fuite, et avant qu'aucun des partisans de la tyrannie ait eu le temps de prendre les armes, il fait publier à son de trompe dans toute la ville, que « Aratus, fils de Clinias, appelle les citoyens à la liberté. » A cette nouvelle, tout le peuple accourut pour contempler son libérateur, et Aratus eut le bonheur d'avoir arraché sa patrie au joug des tyrans, sans que ce glorieux résultat eût coûté une seule goutte de sang.

Tout jeune qu'il était alors, Aratus possédait une rare prudence et une grande fermeté ; et pour que Sicyone ne fût plus exposée à retomber dans de pareils malheurs, il obtint des Achéens de l'admettre dans leur ligue, afin que les autres villes vinssent à son secours, si jamais elle était menacée d'une nouvelle tyrannie. Les Achéens, pleins d'admiration pour son courage et sa sagesse, ne croyant pas qu'il leur fût possible de trouver un meilleur magistrat, le choisirent pour le général de la ligue et lui donnèrent le titre de STRATÉGE, ce qui voulait dire en grec un chef de guerre. Cette dignité, dont Aratus n'était redevable qu'à son seul mérite, ne devait lui appartenir que pendant une année ; mais il s'en acquitta avec tant de talent et de probité, que pendant trente-cinq ans les villes achéennes ne voulurent point avoir d'autre stratége et le supplièrent de rester à leur tête. 245.

Cependant Antigone Gonatas, parvenu, moitié par ruse, moitié par force, à établir sa domination sur une partie de la Grèce centrale, s'était rendu maître de Corinthe et menaçait l'Argolide, province voisine de la ligue achéenne, dont la prospérité l'inquiétait ; mais Aratus, prévoyant le danger qui menaçait le Péloponèse, décida les habitants de l'Argo- 243.

lide et de la Messénie à s'unir aux Achéens pour se défendre mutuellement en cas de besoin. La plupart des villes de ces provinces y consentirent avec joie, et, à l'exception de Sparte et de la Laconie, toute cette partie de la Grèce se déclara contre le roi de Macédoine.

Il y avait alors, dans l'isthme de Corinthe, un château fort bâti sur une haute montagne qui dominait entièrement cette ville. Ce château était nommé l'ACRO-CORINTHUS, c'est-à-dire la citadelle de Corinthe. Antigone y entretenait habituellement une forte garnison, au moyen de laquelle il pouvait, selon son bon plaisir, empêcher les Grecs du Péloponèse de communiquer par terre avec le reste de la Grèce. Ce fut vers ce poste formidable qu'Aratus, devenu stratége des Achéens, tourna ses premières vues, persuadé que la perte de l'Acro-Corinthus serait le signal de la délivrance de la Grèce entière, dont les villes commençaient à supporter avec peine la domination du roi de Macédoine.

Mais la possession de cette citadelle était une entreprise difficile, car on ne pouvait parvenir au sommet de la montagne où elle était bâtie qu'en gravissant des rochers presque inaccessibles. Aratus ne se laissa pourtant pas rebuter par cet obstacle réputé jusqu'alors insurmontable, et il résolut d'attendre du temps ou des circonstances ce qu'il ne pouvait espérer d'enlever de vive force.

Parmi les soldats qui formaient la garnison de l'Acro-Corinthus, se trouvait un Macédonien nommé Dioclès, homme avide et méprisable, qui fit secrètement proposer au chef achéen de lui indiquer, moyennant une grosse somme d'argent, un sentier par lequel il lui serait aisé de parvenir jusqu'à la citadelle, et de s'en rendre maître.

C'était une lâche et honteuse perfidie que commettait là ce Dioclès, car il trahissait bassement le roi Antigone qu'il avait juré de servir fidèlement. Cependant Aratus, ne voulant pas perdre une occasion si favorable de chasser les Macédoniens, accepta avec joie les propositions du traître, tout en méprisant la trahison ; mais comme il n'avait pas à sa disposition assez d'argent pour satisfaire la cupidité de ce misérable, il vendit secrètement toute la vaisselle d'or qu'il possédait, ainsi que les propres bijoux de sa femme, pour en remettre le produit à cet homme, qui, à ce prix, s'engagea à l'introduire dans la place, dès la nuit suivante, avec une petite troupe de soldats achéens.

Cette action, mes enfants, doit vous faire comprendre quel était le désintéressement d'Aratus et son entier dévouement envers sa patrie, puisque non-seulement il allait exposer sa vie dans cette entreprise, mais encore il n'hésitait point à sacrifier tout ce qu'il possédait de plus précieux pour en assurer la réussite.

Un plein succès fut la récompense de ce généreux citoyen. Dioclès, à la faveur de l'obscurité, l'introduisit dans la citadelle par un sentier si étroit que les cent

Achéens qui le suivaient ne pouvaient y marcher qu'un à un. Ils n'y furent pas plutôt entrés que, profitant de la surprise des Macédoniens, ils tuèrent tous ceux qui voulurent se défendre, et forcèrent les autres à se dérober par la fuite au sort de leurs compagnons.

Grande fut la colère d'Antigone Gonatas, lorsqu'il apprit en même temps que l'Acro-Corinthus, qu'il regardait avec raison comme la clef du Péloponèse, était tombé au pouvoir de ses ennemis, et que plusieurs villes de l'Attique, que la crainte de ses armes avait jusqu'alors retenues sous sa domination, étaient près d'accéder à la ligue achéenne, qui devenait plus formidable de jour en jour. Ce revers inattendu fut un coup fatal pour ce prince ambitieux, qui, étant tombé malade peu de temps après, mourut au moment même où il s'efforçait de susciter de nouveaux ennemis aux Achéens.

240.

Aratus, que cet événement délivrait de son plus terrible adversaire, poursuivit dès lors sans obstacle l'affranchissement du Péloponèse, en appelant les peuples de la Grèce à la liberté, comme il y avait appelé celui de Sicyone. Il détruisit ainsi successivement tous les tyrans que les Macédoniens avaient établis dans les différentes villes ; et ce titre seul devint alors tellement odieux à tous les Grecs, que plusieurs de ceux qui exerçaient encore la tyrannie renoncèrent volontairement à la puissance qu'ils avaient usurpée, pour rentrer dans la classe des simples citoyens.

Ce fut vers ce temps-là, mes enfants, que l'on vit pour la première fois débarquer à Corinthe, devenue la principale ville du Péloponèse, des ambassadeurs romains, chargés de solliciter l'appui des Achéens contre les pirates dont les vaisseaux infestaient les mers voisines. Le nom de ROME était alors à peine connu parmi les Grecs, et l'on était loin de prévoir, à cette époque, que ces étrangers dussent devenir, en moins de cent ans, les maîtres absolus de la Grèce, et bientôt après ceux du monde entier, comme vous le verrez bientôt dans cette histoire et dans d'autres.

LES ROIS DE SPARTE.

Depuis l'an 243 jusqu'à l'an 236 avant J. C.

Depuis les siècles les plus reculés, c'était l'usage à Sparte, capitale de la Laconie, qu'il y eût à la fois deux rois choisis dans une même famille, appelée celle des Héraclides, parce qu'elle passait pour descendre d'Hercule, ce célèbre demi-dieu dont je vous ai raconté les douze travaux dans la mythologie des Grecs. A l'époque où Aratus était stratége des Achéens, cette coutume était encore observée à Sparte ; mais les deux princes qui régnaient ensemble sur cette ville différaient beaucoup l'un de l'autre par leurs mœurs et leur caractère.

Léonidas, le plus âgé des deux, avait passé la plus grande partie de sa vie à la cour du roi Séleucus, en Syrie, où il avait contracté toutes les habitudes ordinaires aux Mèdes et aux Assyriens : aussi ne pouvait-il s'accommoder que d'une vie douce et efféminée ; tandis qu'au contraire, AGIS, c'était le nom de l'autre roi, quoique beaucoup plus jeune que son collègue, méprisait la parure et les vains ornements, et se faisait gloire de paraître en public vêtu d'une simple casaque, comme les hommes du peuple de Sparte, et d'observer dans ses repas une frugalité comparable à celle du grand Cyrus.

Autrefois, mes enfants, tous les Spartiates, c'est-à dire les habitants de Sparte, avaient pratiqué les vertus dont Agis cherchait à leur donner l'exemple ; et lorsque vous lirez l'histoire de cette ville dans un autre livre, vous verrez que c'était par la tempérance, la simplicité, la modestie, que cette nation était devenue l'une des plus braves et des plus illustres de la Grèce. Mais les choses étaient bien changées depuis cette époque ; et Sparte, autrefois tant redoutée de ses ennemis et de ses voisins, ne comptait plus qu'environ sept cents citoyens, uniquement occupés de conserver les richesses qu'ils avaient acquises, non par le travail (car un Spartiate ne pouvait être que soldat, et aurait rougi de labourer la terre ou d'exercer un métier), mais par la ruse et par la force, que ces hommes avides ne se faisaient point scrupule d'employer. Tous les autres habitants de la Laconie n'étaient que des esclaves ou des étrangers pauvres et opprimés par les riches, qui les faisaient rudement travailler, et ne leur payaient qu'avec avarice le prix de leurs peines.

Le jeune Agis, qui avait un bon cœur et un esprit vraiment généreux, n'avait pu voir sans compassion les souffrances de ce peuple. C'était là le sujet ordinaire de ses entretiens avec les jeunes gens qui l'entouraient, et surtout avec son aïeule ARCHIDAMIE et sa mère AGÉSISTRATA, les deux dames les plus respectables de leur temps, auxquelles il avait fait partager la pitié que lui inspirait le sort de tant de misérables. Le peuple, qui connaissait ses bonnes intentions, lui témoignait sa reconnaissance par des acclamations, chaque fois qu'il se montrait en public, et Agis n'attendait qu'un moment favorable pour les mettre à exécution.

Un jour donc, ce prince, ayant assemblé les Spartiates et le menu peuple sur la place publique, proposa aux riches de partager avec les pauvres leurs terres, leurs maisons, leur argent, et enfin tout ce qu'ils possédaient. Pour lui, donnant l'exemple en même temps que le conseil, il distribua son bien à un grand nombre de Laconiens, et fut imité par son aïeule, sa mère, et la plupart de ses jeunes amis.

243.

Cette nouveauté, comme vous le croirez sans peine, ne fut pas du goût de tout le monde. Le roi Léonidas surtout, traitant son collègue d'imprudent et d'insensé, refusa absolument de partager avec les indigents ses biens qui étaient considérables ; car cet homme, accoutumé à toutes les douceurs de l'opulence et de l'oisiveté, ne voyait pas de plus grand malheur que d'être forcé à une vie frugale et laborieuse. Les riches embrassèrent aussitôt le parti de Léonidas ; mais le peuple, qui était bien plus nombreux, se révolta contre ce dernier, et, le dépouillant du titre de roi, mit à sa place CLÉOMBROTE, son gendre, qui était aussi de la famille des Héraclides, et de plus l'un des meilleurs amis du généreux Agis.

Dans ce temps-là, mes enfants, lorsqu'un homme, même chargé d'un grand crime, ou en butte à la vengeance de ses ennemis, cherchait un refuge dans un temple des dieux, cette retraite devenait pour lui inviolable et sacrée, et personne n'avait le droit de l'en arracher. Ce fut précisément le parti que suivit le fier Léonidas, que la fureur du peuple poursuivait, certain qu'il ne lui arriverait aucun mal aussi longtemps qu'il ne sortirait pas de cet asile impénétrable.

La fille de Léonidas se nommait CHÉ-

LONIDE. Quoiqu'elle aimât tendrement son mari Cléombrote, elle montra dans cette circonstance, à son père malheureux, une piété filiale que l'on ne saurait trop honorer. Cette princesse, quittant aussitôt Cléombrote devenu roi, alla trouver Léonidas dans sa retraite; et se dévouant tout entière à le consoler dans son affliction, elle mêla ses larmes à celles de son père, préférant ainsi la tristesse et le deuil aux douceurs du trône et à la tendresse de son époux, qui la suppliait instamment de venir partager sa puissance.

Cependant Agis venait à peine d'achever cette mémorable révolution, accueillie avec tant de joie par le peuple de Sparte, lorsqu'il se vit forcé de marcher au secours des Achéens, ses voisins, menacés d'une invasion par les ÆTOLIENS, autre peuple de la Grèce centrale, qui, ayant traversé l'isthme de Corinthe, s'avançait pour ravager l'Achaïe. Toute la jeunesse de Sparte, entièrement dévouée à Agis, voulut le suivre dans cette expédition, où il acquit une grande gloire, car il défit complétement les Ætoliens, et les contraignit à regagner précipitamment leur pays. Mais, pendant ce temps, Cléombrote s'étant trouvé presque seul exposé dans Sparte au ressentiment des riches, ceux-ci, reprenant les armes, le chassèrent du trône pour y replacer Léonidas, qui sortit aussitôt de sa retraite, et ressaisit avec joie la royauté.

241.

Cléombrote, à son tour, pour se soustraire au mécontentement de son beau-père, n'eut que le temps de chercher un refuge dans ce même temple qui, peu d'instants auparavant, avait servi d'asile à ce prince; mais à peine y fut-il entré qu'il vit accourir auprès de lui la courageuse Chélonide, aussi tendre épouse qu'elle avait été fille pieuse, car son rôle, à elle, était de s'attacher au plus malheureux.

Elle était là avec ses deux petits garçons, qu'elle avait amenés auprès de leur père, lorsque Léonidas, entrant avec emportement dans le temple, reprocha durement à Cléombrote de s'être uni à ses ennemis pour lui arracher la couronne.

Ce dernier, les yeux baissés, gardait le silence; mais Chélonide, embrassant les genoux du roi, ne désespéra pas d'obtenir la grâce de son mari.

« Mon père, lui disait-elle d'une voix suppliante, ces habits de deuil dont je suis revêtue sont les mêmes que je n'ai point quittés depuis le jour de vos malheurs. Faut-il donc, à présent que vous êtes vainqueur et triomphant dans Sparte, que je pleure encore sur celui que vous m'avez donné pour époux? » En achevant ces paroles, cette vertueuse femme fondait en larmes; et parmi les témoins de cette scène attendrissante, il ne se trouva pas un seul homme dont le cœur fût assez farouche pour ne pas pleurer avec elle.

Enfin Léonidas, vaincu par les prières de sa fille, fit signe à Cléombrote de se lever, et lui ordonna de quitter Sparte à l'instant même, l'assurant qu'il pourrait se retirer en sûreté hors de la Laconie. Peut-être se flattait-il, par cette modération, de retenir Chélonide auprès de lui :

mais il ne put obtenir qu'elle abandonnât l'exilé; et dès que celui-ci se fut disposé à sortir, elle lui mit entre les bras l'aîné des enfants, prit l'autre dans les siens, et après avoir remercié les dieux de l'asile qu'ils leur avaient donné dans leur temple, elle s'en alla vers une terre étrangère avec Cléombrote, qui fut bientôt consolé par sa tendresse d'avoir perdu une couronne. Léonidas remonta sur le trône, et les riches, soutenus par lui, reprirent aux pauvres tous les biens qu'ils avaient été forcés de leur abandonner.

Au premier bruit de ces événements inattendus, Agis, étant promptement accouru à Sparte, apprit avec indignation ce qui s'était passé pendant son absence. Le peuple, dont la faveur est toujours inconstante, l'accueillit avec indifférence, et ceux mêmes auxquels il avait fait le plus de bien, lorsqu'il était victorieux, l'accusèrent de les avoir livrés sans défense à leurs ennemis. Bientôt, abandonné par les Spartiates qu'il croyait ses meilleurs amis, et poursuivi par le vindicatif

Léonidas, il fut réduit à se réfugier précipitamment dans ce même temple qui avait déjà servi d'asile à deux rois. Là, il vécut pendant plusieurs mois, n'ayant d'autre consolation que la société de quelques courageux citoyens qui lui étaient demeurés attachés malgré sa mauvaise fortune, et ne quittant sa retraite que la nuit pour se rendre secrètement au bain, où quelques-uns de ses amis l'accompagnaient de peur de surprise.

Parmi ceux qui témoignaient le plus de dévouement à Agis, se trouvait un Spartiate nommé AMPHARÈS, qui, sous une apparence de franchise et de loyauté, cachait une âme basse et corrompue. Ce misérable, qui, au temps de la richesse d'Agésistrata, avait emprunté à cette dame de magnifiques tapis de Perse et une quantité considérable de vaisselle d'or et d'argent, conçut la pensée de trahir celui qu'il appelait son ami, pour s'approprier ces choses précieuses.

Il y avait alors à Sparte cinq magistrats auxquels on donnait le titre d'ÉPHORES (ou surveillants), parce que leur devoir était de surveiller les actions de tous les citoyens, depuis le plus puissant jusqu'aux plus humbles; les princes eux-mêmes étaient soumis à leur inspection inévitable. Ces magistrats n'exerçaient point la royauté; mais ils avaient le droit d'ôter la couronne aux rois, et même de les faire mourir, lorsqu'ils avaient commis quelque infraction aux lois du pays. Ce fut donc devant les Éphores que le perfide Ampharès se présenta pour les avertir qu'Agis sortait chaque nuit de sa retraite, suivi d'un petit nombre d'amis, et qu'il leur serait facile de se saisir de sa personne.

En effet, dès la nuit suivante, des gardes apostés par ce traître se jetèrent sur la petite troupe d'Agis, au moment où il se rendait au bain selon sa coutume, et l'ayant dispersée, ils chargèrent ce prince de chaînes, et le traînèrent aussitôt devant les magistrats assemblés par l'ordre de Léonidas, à qui ils étaient entièrement dévoués.

Néanmoins ceux-ci, pénétrés de respect pour le sang royal des Héraclides, hésitaient à condamner leur prisonnier, lorsque Léonidas, entourant leur tribunal avec une troupe de soldats, obligea les juges à faire étrangler à l'instant même le malheureux Agis, afin que le peuple apprît en même temps sa captivité et son supplice. Son aïeule Archidamie et sa mère Agésistrata, qui étaient accourues auprès de leur fils, espérant par leurs prières attendrir les Éphores, périrent comme lui de la main du bourreau, et il n'y eut pas dans toute la Grèce un seul homme qui ne détestât Léonidas et sa cruauté.

Ce méchant prince, resté seul sur le trône après le meurtre d'Agis, ne songea plus dès lors qu'à jouir de ses richesses, en se livrant au plaisir et à la dissipation. Il abandonna l'exercice de la royauté aux Éphores, qui n'avaient que trop bien servi sa vengeance, et mourut bientôt après sans que personne le regrettât, ce qui était juste, puisqu'il s'était montré impitoyable envers ses ennemis.

236.

Il ne faudra point confondre ce farouche Léonidas avec un autre roi de Sparte, dont l'histoire vous sera racontée quelque jour ; celui-là, bien loin d'asservir sa patrie, périt glorieusement en combattant pour la défendre.

CLÉOMENE.

Depuis l'an 236 jusqu'à l'an 221 avant J. C.

Léonidas, en faisant étrangler Agis, dont le seul crime était d'avoir favorisé le peuple de Sparte aux dépens des riches, ne se doutait guère que son propre fils Cléomène, qui lui succéda sur le trône, suivrait l'exemple de ce prince infortuné.

Cléomène avait pris pour femme la belle-sœur d'Agis, et il avait appris de cette dame à estimer les vertus de ce prince et à les imiter. Aussi brave que généreux, il résolut de ne pas souffrir plus longtemps qu'une poignée de Spartiates possédât seule toutes les terres de la Laconie, tandis que le reste de la population se voyait chaque jour menacé de mourir de faim et de misère, sans que personne lui tendît une main secourable; et, pour commencer, il donna lui-même l'exemple de la tempérance et de la simplicité dans ses habillements et dans sa manière de vivre.

Dès ce moment, vêtu du costume le plus modeste, on le vit seul et désarmé parcourir paisiblement les rues de Sparte, écoutant les plaintes de chacun, et toujours prêt à rendre justice aux opprimés. Ce fut ainsi qu'il parvint à se faire chérir de tout le peuple, qui ne pouvait s'empêcher de comparer son affabilité à la dureté du roi son père, que jamais personne n'avait abordé qu'en tremblant.

225. A cette époque, les Éphores qui avaient mis à mort le pauvre Agis existaient encore; et comme ils appartenaient à la classe des riches, ces hommes puissants ne faisaient usage de leur autorité que pour persécuter les plus honnêtes gens du pays, et contenir le peuple par la terreur. Mais Cléomène, indigné de leur cruauté, réunit contre eux une troupe

de soldats étrangers, car il n'y avait guère de Spartiates qui osassent affronter la colère de ces magistrats redoutables, et, leur ayant livré bataille, tua quatre de ces tyrans, et força le cinquième à sortir de Sparte avec quatre-vingts de ses partisans.

Alors, certain que personne ne pouvait plus s'opposer à l'accomplissement de ses desseins généreux, il partagea toutes les terres de la Laconie, sans en excepter les siennes propres, en quatre mille parts, qu'il distribua à autant de citoyens de la ville et de la campagne; mais comme il ne voulait pas que personne, même parmi ses ennemis, pût l'accuser d'injustice, il réserva des portions de terres pour ceux qui avaient suivi le dernier Éphore dans sa fuite, persuadé, disait-il, que ces hommes égarés reconnaîtraient tôt ou tard leur erreur. Après cela, pour montrer son respect envers les anciens usages, il allait appeler au trône un second roi, selon la coutume de Sparte, et avait déjà jeté les yeux sur

Archidamus, fils d'Agis, lorsque celui-ci fut assassiné traîtreusement par des ennemis de sa famille.

Cette révolution de Sparte fut un grand événement pour toute la Grèce. Dans chaque ville, le peuple se flatta de voir les magistrats suivre l'exemple de Cléomène, et partager ainsi les terres par portions égales entre tous les citoyens. Les Achéens eux-mêmes chantèrent les louanges de ce prince magnanime, qui semblait ne faire usage de l'autorité qu'il tenait de sa naissance, que pour asseoir la prospérité de sa patrie sur des bases solides et durables.

Cependant Aratus, voyant que Sparte, sous un prince si sage, ne pouvait manquer de devenir bientôt forte et puissante, aurait désiré que cette cité entrât aussi dans la ligue achéenne, dont presque seule des villes du Péloponèse, elle ne faisait point encore partie. Il s'imagina que sous un prince jeune encore, quoiqu'il eût déjà fait de grandes choses, rien ne lui serait plus facile que d'obliger

Sparte à se soumettre aux Achéens ; mais il ne tarda pas à être détrompé : car ayant conduit contre Cléomène une armée achéenne, il fut complétement défait au pied du mont Lycée, l'une des principales montagnes de l'Arcadie, et perdit même plusieurs villes de ce pays, qui jusqu'alors avaient appartenu aux Achéens. Le roi de Sparte acquit une nouvelle gloire par cette victoire éclatante, et Aratus, au désespoir, fut forcé de lui demander la paix.

225.

Or, quoique Aratus fût orné d'un grand nombre de belles qualités, il ne put se défendre d'une profonde rancune contre Cléomène, qui venait de le vaincre au mont Lycée, et ne mit plus en doute que, sous un pareil prince, Sparte ne soumît bientôt tout le Péloponèse à sa domination. Aratus d'ailleurs n'était point un grand homme de guerre. Il avait bien, à la vérité, dans sa jeunesse, chassé les tyrans de Sicyone, et surpris les Macédoniens de l'Acro-Corinthus ; mais ce n'est pas assez pour un général d'avoir du courage et de la résolution, il faut encore qu'il soit doué d'un caractère prévoyant et de véritables talents militaires.

223. Dans cette extrémité, ce grand citoyen, qui avait rendu de si éminents services au Péloponèse, aveuglé par la fatale envie que lui inspirait Cléomène, oublia son ancien ressentiment contre les rois de Macédoine, et tourna ses espérances vers le fils d'Antigone Gonatas, qu'il se flatta d'amener à s'unir aux Achéens pour accabler les Spartiates, plus redoutables à ses yeux que tous les peuples du monde.

Le prince qui occupait alors le trône d'Alexandre le Grand portait, comme son père, le nom d'Antigone, et on l'avait surnommé Doson, ce qui voulait dire en grec QUI DONNERA, parce qu'il avait l'habitude de faire à chacun les promesses les plus magnifiques qu'il ne réalisait jamais. Vous pouvez juger par là quelle confiance devait inspirer cet Antigone; car un homme, et surtout un roi, ne doit jamais manquer à sa parole.

Aratus connaissait Antigone Doson; mais il aima mieux ouvrir aux Macédoniens l'entrée du Péloponèse, que de voir Cléomène, l'emportant sur lui, faire passer la ligue achéenne sous la domination de Sparte. Aussi l'occasion d'accroître sa puissance parut-elle trop favorable au roi de Macédoine pour qu'il ne s'empressât pas de la saisir. Il accepta donc sans hésiter les offres d'Aratus, fit entrer une forte garnison dans la ville de Corinthe, dont cet imprudent lui livra les portes; et, franchissant aussitôt l'isthme, il conduisit une armée contre Cléomène, qu'il rencontra auprès d'une ville de Laconie, nommée SELLASIE, où fut débattue pour la dernière fois, entre les Spartiates et les Macédoniens, la domination de la Grèce. Cléomène, à son tour, fut complétement vaincu par Antigone et les Achéens réunis, et Sparte, qui jusqu'à ce jour n'avait jamais vu la fumée d'un camp ennemi, suivant l'expression de ses

221.

plus vieux citoyens, tomba au pouvoir des vainqueurs.

Antigone Doson fut si glorieux de cette victoire de Sellasie, que, le jour même où il la remporta, l'excès de sa joie lui causa un vomissement de sang qui, quelques mois plus tard, le conduisit au tombeau ; mais, avant de mourir, pour que les Spartiates ne se relevassent jamais de leur défaite, il établit un tyran dans leur ville, afin de ruiner sans retour tout ce que Cléomène avait entrepris pour le bonheur de son pays. Quant à ce prince malheureux, obligé de quitter la Grèce pour échapper à la poursuite des Macédoniens, il chercha un refuge en Égypte avec sa famille et un petit nombre d'amis, auprès de Ptolémée Évergète qui régnait alors sur cette contrée.

Aratus, que sa honteuse jalousie contre Cléomène avait ainsi conduit à détruire lui-même, dans sa vieillesse, l'indépendance de la Grèce, qui avait été le but des travaux de sa vie entière, s'aperçut alors, mais trop tard, qu'au lieu d'avoir donné un appui à la ligue achéenne en appelant Antigone dans le Péloponèse, il lui avait imposé un maître; et cette pensée dut rendre bien amères les dernières années de son existence.

LES ÆTOLIENS.

Depuis l'an 221 jusqu'à l'an 205 avant J. C.

Tandis que la ligue achéenne, fondée par Aratus, et déjà tombée sous la domination d'Antigone Doson, s'étendait sur la plus grande partie du Péloponèse, plusieurs autres peuples grecs, que l'isthme de Corinthe séparait de l'Achaïe, dans l'espoir d'arrêter les progrès de la puissance macédonienne, avaient aussi formé entre eux une confédération qui prit le nom de LIGUE ÆTOLIENNE, parce que c'était en Ætolie qu'elle avait pris naissance.

Or les Ætoliens étaient fiers et belliqueux. On racontait même que lorsque les Gaulois avaient envahi la Grèce pour piller le temple de Delphes, ils avaient autant contribué que la foudre et les tremblements de terre à la destruction de ces barbares. Les Ætoliens avaient vu avec indignation Aratus appeler Antigone dans le Péloponèse, persuadés avec raison que le prince macédonien, comme son aïeul et son père, ne cherchait qu'un prétexte pour asservir la Grèce entière.

Il arriva précisément vers ce temps-là, qu'Antigone Doson mourut des suites de la joie que lui avait causée la victoire de Sellasie, laissant le trône de Macédoine à un petit-fils d'Antigone Gonatas, son parent, qui, à peine sorti de l'enfance, annonçait déjà l'esprit ambitieux de la famille des Poliorcètes. Ce prince, en recevant la couronne, prit le nom de PHILIPPE III, parce qu'il était en effet le troisième monarque ainsi nommé qui régnât sur ce pays. 220.

Les Ætoliens, jugeant que le moment était venu d'abattre les Achéens, privés de l'appui d'Antigone, leur déclarèrent la guerre ; et, conduits par leur stratége, nommé SCOPAS, ils franchirent l'isthme de Corinthe et s'avancèrent en Achaïe, où ils exercèrent toute sorte de ravages. Aratus essaya d'abord de les repousser ; mais ce capitaine, à qui le sort des armes semblait désormais devoir toujours être contraire, ayant été complétement défait dans une bataille qui eut lieu auprès d'une ville nommée Caphyes, les soldats achéens se dispersèrent devant les vainqueurs. Aratus se vit donc, encore une fois, dans la nécessité d'appeler à son secours les Macédoniens, dont le roi, tout jeune qu'il était, accourut à la tête d'une armée formidable, vainquit Scopas à plusieurs reprises, et repoussa les ennemis jusqu'en Ætolie, où il leur prit plusieurs villes. Cette lutte acharnée entre les peuples grecs, où les Achéens combattaient d'un côté et les Ætoliens de l'autre, est ordinairement appelée la guerre des deux ligues.

219. Cependant Cléomène, informé en Égypte des événements dont la Grèce était le théâtre, venait d'apprendre en même temps que les Spartiates, fatigués

d'obéir au tyran qu'Antigone leur avait imposé, s'étaient unis aux Ætoliens contre Philippe, et il avait pris la résolution de retourner à Sparte, dans l'espoir de venger sur ce prince sa défaite de Sellasie. Mais Ptolémée Évergète étant mort sur ces entrefaites, son fils Philopator, qui venait de lui succéder, ne voulut point permettre au prince spartiate de quitter l'Égypte. Ayant même été averti que, malgré sa défense, Cléomène se proposait de s'embarquer secrètement pour la Grèce, il le fit jeter en prison, où, peu de jours après, on le trouva égorgé, avec sa femme et ses enfants. Les Spartiates qui avaient suivi leur roi en Égypte furent indignés d'une pareille perfidie, et préférant la mort au malheur de survivre à un prince si généreux, ils s'entre-tuèrent tous jusqu'au dernier.

Cet événement délivrait Aratus d'un rival qu'il avait poursuivi avec tant d'acharnement. Mais il n'eut pas le temps de se féliciter de ce triste triomphe ; car ayant adressé quelques remontrances à Philippe sur la dureté avec laquelle il traitait les Grecs qui l'avaient appelé à leur secours, le Macédonien, dont le caractère était violent et cruel, lui fit donner dans un repas un poison lent, qui devait le faire mourir en peu de temps.

Aratus, déjà parvenu à un âge avancé, et miné par un mal secret dont personne ne pouvait deviner la cause, languit encore plusieurs mois, et expira enfin avec le regret de voir la ligue achéenne menacée d'une ruine prochaine. Ainsi la Grèce perdit presque en même temps les deux hommes dont l'inimitié avait causé la perte de leur patrie, que leur union aurait pu sauver.

213.

Dans ces circonstances, les Ætoliens et les Spartiates s'aperçurent promptement qu'ils n'étaient point assez forts pour résister à la puissance de Philippe, qui, devenu stratége des Achéens, aspirait ouvertement à la domination de la Grèce entière. Ils prirent alors le parti d'appeler à leur aide les Romains, ces

211.

étrangers qui n'étaient encore connus des Grecs que par les ambassadeurs qu'ils avaient envoyés à Corinthe ; mais vous verrez bientôt ce qui résulta de cette imprudence.

En effet, ces conquérants, dont la puissance était déjà formidable, et qui n'attendaient qu'une circonstance favorable pour envahir la Grèce, ne laissèrent pas échapper l'occasion qui leur était offerte, et ayant déclaré la guerre au roi de Macédoine et à la ligue achéenne, un de leurs généraux livra aux flammes les vaisseaux de Philippe, et obligea ce prince à leur demander humblement la paix, en donnant pour otage son fils aîné, qui se nommait Démétrius.

Cette victoire des Romains fut un coup mortel porté à la Grèce, et c'en était peut-être déjà fait de la liberté de ce pays, s'il ne se fût trouvé, parmi les Achéens, un capitaine nommé Philopoemen, qui, avec plus de prévoyance qu'Aratus, n'ignorait point, comme lui, que le secours des étrangers devait être plus fatal à la Grèce que ses dissensions intestines.

LE DERNIER DES GRECS.

Depuis l'an 205 jusqu'à l'an 183 avant J. C.

Philopœmen avait décidé par son courage le gain de cette bataille de Sellasie, où Antigone Doson avait vaincu Cléomène. Depuis ce temps, le roi Philippe, qui connaissait ses talents pour la guerre, l'avait souvent pressé de se donner entièrement à son service; mais Philopœmen aimait trop sa patrie pour jamais l'abandonner.

Ce grand citoyen était tellement simple dans ses vêtements, qu'un jour, étant entré dans une maison où il était invité à dîner, la maîtresse du logis, qui ne le connaissait pas, le prit pour le serviteur de l'un des conviés, et le pria de l'aider à fendre du bois, ce qu'il fit aussitôt, après avoir ôté son manteau. Je vous laisse à penser quelle fut ensuite la confusion de cette dame, qui avait souvent entendu vanter le mérite de Philopœmen, lorsque son mari lui fit connaître l'erreur dans laquelle elle était tombée; mais le guerrier ne fit que rire de cette méprise, dont sa modestie ne fut nullement affectée.

Comparez maintenant, mes jeunes amis, cette glorieuse simplicité à l'orgueil de certains enfants, qui rougiraient jusqu'au blanc des yeux, s'ils étaient obligés de rendre à quelqu'un un léger service qu'ils croient au-dessous de leur amour-propre. Pensent-ils donc, ces petits vaniteux, valoir mieux que le grand Philopœmen, qui commandait des armées, et dont le courage arrêta seul un moment toute la puissance romaine?

Depuis que les Spartiates, avec l'aide des Étoliens, s'étaient soustraits à la domination macédonienne, il s'était élevé parmi eux un tyran plus cruel que tous ceux dont je vous ai parlé jusqu'à présent. Il avait nom NABIS, et surpassait en avarice et en barbarie tout ce qu'on peut imaginer de plus affreux.

Cet homme atroce, ayant chassé de la ville la plupart des meilleurs citoyens, pour s'emparer de leurs biens, fit construire une machine avec laquelle il prétendait qu'aucun homme ne pourrait résister à ses volontés.

C'était, dit-on, une statue à ressort, vêtue d'une magnifique robe, et dont le visage ressemblait parfaitement à APÉGA, femme de Nabis. Lorsque le tyran apprenait que quelqu'un avait en sa possession une somme d'or ou d'argent, il le mandait devant lui, et, lui parlant d'abord d'un air affable, il cherchait à obtenir par la ruse qu'il lui en fît l'abandon; mais si l'homme qu'il prétendait dépouiller opposait quelque résistance : « Eh bien ! lui disait-il avec une feinte douceur, nous allons voir si vous pourrez résister à Apéga. »

Alors on approchait la terrible statue, qui, ouvrant tout à coup de grands bras armés de pointes de fer cachées sous ses vêtements, embrassait étroitement le pauvre malheureux, et le serrait contre sa poitrine, aussi hérissée de pointes, jusqu'à ce que, vaincu par d'horribles souffrances, il consentît à céder tout ce qu'on exigeait de lui.

Vous aurez peine à croire peut-être que les Spartiates aient pu se soumettre à une si épouvantable tyrannie ; mais le malheur leur avait ôté tout le courage qu'ils avaient eu autrefois, et ils ne savaient plus que courber la tête.

Ce fut Philopœmen, devenu stratége des milices achéennes, que le ciel suscita pour punir l'infâme Nabis. Ce général, qui, comme Aratus, était l'ennemi de tous les tyrans, s'approcha de Sparte à la tête d'une armée, et battit sans peine les troupes étrangères que Nabis avait rassemblées ; mais le vainqueur ne pensait peut-être pas encore à faire périr ce misérable, lorsque les soldats mêmes que ce dernier entretenait à son service le tuèrent par trahison, et délivrèrent ainsi la terre de cet abominable scélérat.

Philopœmen, profitant de la confusion causée par cet événement, pénétra aussitôt dans Sparte avec son armée, et en traita d'abord les habitants avec douceur; mais bientôt ceux-ci s'étant de nouveau déclarés contre les Achéens, il revint dans leur ville, dont il fit raser les murailles, congédia les soldats étrangers, et ne laissa plus dans ces ruines que quelques malheureux, indignes de porter le nom de Spartiates.

188.

Telle fut la fin de cette ville célèbre, sur laquelle vous lirez ailleurs des histoires fort intéressantes, et qui expia si cruellement alors tant de siècles de gloire, parce qu'elle avait cessé de pratiquer ses anciennes vertus.

Cependant Philopœmen, qui était aussi habile que courageux, s'était aperçu depuis longtemps que les Ætoliens n'étaient pas les ennemis les plus redoutables que la ligue achéenne eût à combattre. Les Romains, bien autrement puissants que les premiers, depuis que Philippe avait été soumis par leurs armes, lui paraissaient beaucoup plus à craindre, et ils l'étaient en effet, car ce peuple aspirait ouvertement à devenir le maître de tous les autres.

De leur côté, les Romains avaient reconnu que tant que Philopœmen serait à la tête des Achéens, cet homme seul les empêcherait de conquérir la Grèce, et il n'y eut pas dès lors de piéges qu'ils ne cherchassent à lui tendre. Tantôt ils le brouillaient avec Philippe, afin que ce prince perfide le fît périr, comme il avait fait périr Aratus; tantôt ils excitaient des révoltes dans les villes de l'Achaïe, pour lui susciter des embarras et des périls.

183. Ce fut ce dernier moyen qui leur réussit. La ville de MESSÈNE, l'une des principales de la ligue, se sépara des Achéens, et leur déclara la guerre. Aussitôt Philopœmen s'avança avec des troupes contre les Messéniens pour les combattre; mais ceux-ci, qui étaient les

plus nombreux, enveloppèrent l'armée achéenne dans une étroite vallée, et le vaillant capitaine, s'étant trouvé séparé des siens en cherchant à leur ouvrir un passage, fut renversé de son cheval et tomba au pouvoir des ennemis.

Le chef des Messéniens, sans respect pour les cheveux blancs de Philopœmen, exposa ce noble vieillard aux insultes de la populace de Messène, et le fit ensuite conduire au supplice. A ce moment suprême, Philopœmen n'eut encore d'autre pensée que le salut de sa patrie, et lorsqu'on lui eut dit que ses soldats, par leur courage, s'étaient fait jour à travers les Messéniens : « Eh bien, s'écria-t-il, je meurs content, puisque l'armée achéenne est sauvée ! »

Cette affreuse injustice attira de grands malheurs sur Messène. Peu de temps après qu'elle eut été accomplie, les Achéens, furieux, s'étant emparés de cette ville, lapidèrent, c'est-à-dire assommèrent à coups de pierres, sur le tombeau même de Philopœmen, tous ceux qui avaient contribué à sa mort. Les cendres de cet illustre citoyen furent ensuite portées en grande pompe à MÉGALOPOLIS, sa patrie, l'une des villes de la ligue. Partout les peuples, fondant en larmes, accoururent sur le passage de ce cortége funèbre, et la Grèce entière porta le deuil de celui qu'on a surnommé le DERNIER DES GRECS, parce qu'en effet il fut le dernier qui combattit pour leur liberté.

LES JEUX ISTHMIQUES.

Depuis l'an 196 jusqu'à l'an 146 avant J. C.

Depuis les temps les plus anciens, c'était l'usage que, tous les trois ans, les différents peuples grecs s'assemblassent auprès de Corinthe, pour y célébrer des jeux publics en l'honneur du dieu de la mer. On leur donnait le nom de JEUX ISTHMIQUES, parce qu'ils avaient lieu sur l'isthme de Corinthe.

Ces jeux, à la vérité, étaient bien faits pour attirer une grande affluence de peuple. C'était là que l'on distribuait des prix à ceux qui l'emportaient par leur force ou leur adresse, soit aux courses de chariots, soit à la lutte, à la danse, et en général à tous les exercices auxquels les jeunes Grecs s'adonnaient dès leur enfance, et qui les rendaient ensuite si agiles et si intrépides à la guerre.

Les prix que l'on distribuait aux vainqueurs n'avaient pourtant point une valeur qui pût tenter la convoitise de personne. C'étaient le plus souvent de simples couronnes de feuillage, plus précieuses cent fois que si elles eussent été d'or ou de pierreries, aux yeux des Grecs, qui les recevaient en présence de leurs concitoyens et aux bruits de leurs applaudissements. On vit même plusieurs fois des rois venir les disputer, et s'enorgueillir de les avoir méritées.

Quelquefois aussi on élevait des statues dans les temples à ceux qui avaient obtenu des couronnes, ou bien l'on chantait leurs louanges dans les cérémonies publiques, pour inviter les jeunes gens à les imiter.

Vous trouverez peut-être extraordinaire que l'on attachât alors autant d'importance à être plus fort, plus agile, ou plus adroit que les autres dans des exercices favorables sans doute à la santé, mais si fort au-dessous des travaux de l'étude et de l'intelligence. C'est qu'alors la force du corps décidait souvent des affaires publiques, tandis qu'aujourd'hui ce sont les connaissances de l'esprit et la bonne éducation qui distinguent les hommes et les font valoir.

C'était le temps où devaient se célébrer les jeux isthmiques. Malgré les malheurs du pays, une foule considérable, accourue de toutes les parties de la Grèce, se trouvait réunie à Corinthe. On voyait là des Ætoliens au visage farouche et bruni par le soleil et la guerre, des Achéens inquiets de l'avenir et attristés d'avoir perdu leurs plus généreux citoyens, quelques Spartiates échappés à la cruauté de Nabis, et enfin un certain nombre de Romains, qui venaient jouir du spectacle de la Grèce humiliée plutôt que de celui des jeux.

Tout à coup un héraut monta sur le théâtre, où ne paraissaient habituellement que les comédiens chargés de divertir le peuple, et proclama à haute voix, que « les Romains et Quintus Flamininus, leur général, ayant vaincu Philippe et les Macédoniens, déclaraient les villes de la Grèce libres, et entendaient qu'elles se gouvernassent par leurs propres lois. »

Je ne saurais vous exprimer, mes enfants, quels transports de joie ces paroles excitèrent dans toute l'assemblée. On n'entendit de toutes parts que des cris d'allégresse et des trépignements. Chacun des Grecs crut renaître à la vie, parce que les Romains leur promettaient la liberté; mais ils ne s'apercevaient pas que si Rome leur permettait alors d'être libres, un jour aussi elle pouvait leur ordonner d'être esclaves.

En effet, peu d'années après, de nouvelles guerres s'étant élevées en Grèce, 192. Flamininus réduisit facilement les Étoliens, qui, détrompés enfin sur leurs dangereux alliés, avaient imploré le secours d'Antiochus, roi de Syrie, le dernier des Séleucides; mais ce prince, vaincu par les Romains dans un défilé célèbre de la 191. Grèce, nommé les Thermopyles, fut obligé de retourner en Asie pour défendre ses propres États, dont ces mêmes conquérants s'emparèrent aussi peu de temps après.

Plusieurs royaumes se formèrent alors des débris de l'empire que Séleucus Nicator avait autrefois fondé en Asie, après la bataille d'Ipsus. Les plus célèbres furent ceux de PONT, de PERGAME, de BITHYNIE, d'ARMÉNIE, et enfin celui des PARTHES, dont vous entendrez souvent parler dans d'autres histoires.

Vers le même temps, PERSÉE, second fils de Philippe III, devenu roi de Macédoine après la mort de son père, par le meurtre de Démétrius, son frère aîné, fut défait par un autre général romain, nommé PAUL ÉMILE, et conduit à Rome, où il périt misérablement dans un cachot.

168.

Il ne restait plus debout que la ligue achéenne, déjà chancelante depuis longtemps, et dont la ruine paraissait de jour en jour plus inévitable ; mais, quelque temps après la chute de Persée, les Romains, oubliant leurs promesses, et ayant trouvé un prétexte pour la détruire, ren-

146. versèrent de fond en comble les principales villes du Péloponèse, et saccagèrent enfin la riche Corinthe, dont ils emportèrent les statues et les tableaux, quoiqu'ils fussent bien loin alors d'en apprécier tout le mérite. Les maisons de cette ville devinrent la proie des flammes, ses murailles furent rasées jusqu'aux fondations, les femmes et les enfants furent vendus et emmenés en esclavage, et les hommes moururent presque tous dans la captivité.

Alors la Grèce entière fut réduite en province romaine, c'est-à-dire que les Romains y commandèrent seuls en maîtres; elle perdit même jusqu'à son nom, pour recevoir celui d'Achaïe, sans doute parce que les Achéens avaient été les derniers Grecs qui eussent défendu leur liberté contre les armes de Rome.

RÉSUMÉ ANALYTIQUE ET CHRONOLOGIQUE DES MATIÈRES
CONTENUES DANS CE VOLUME.

L'ÉGYPTE.

Temps incertains. — 616 avant J. C.

LES PREMIERS ÉGYPTIENS.

Temps incertains.

Inondations périodiques du Nil et fertilité de l'Égypte 1
Croyance erronée des anciens sur l'origine des premiers Égyptiens 2
Invasion des Éthiopiens 3
Fondation de Thèbes. — Puissance souveraine des prêtres de Méroé 4

Progrès de l'agriculture. — Fécondité du Delta.................................. 5
Souvenir de l'expédition française en Égypte. »

LES DIEUX DE L'ÉGYPTE.

Vers le 30ᵉ siècle avant J. C.

Ménès, premier roi d'Égypte............ 7
Fondation de Memphis................. »
Culte d'Osiris et d'Isis................. 8
Honneurs divins rendus à plusieurs animaux utiles et à diverses plantes............ »
Le crocodile et l'ichneumon............ 9
Préparation des momies égyptiennes..... 11
Jugement rendu publiquement sur la mémoire des morts........................... 12
Ibis conservés en momies.............. 13

LES ROIS PASTEURS.

2200—1800 avant J. C.

Règne de Timaos...................... 14
Invasion des Hycsos en Égypte......... »
Leurs dévastations dans le Delta........ 15
Fondation d'Avaris ou Péluse.......... »
Sciences secrètes des prêtres égyptiens... »
Usage des hiéroglyphes................ 16
Grandeur du Pharaon Amosis.......... 17
Expulsion des Hycsos................. »

LES MONUMENTS DE L'ÉGYPTE.

1800—1350 avant J. C.

Les grandes pyramides de Memphis fondées par Chéops et Chéphrem............ 19
Obélisques égyptiens................. 21
Antiquité de l'obélisque de Louqsor...... »
Construction du lac Mœris.—Son utilité.. 23
Les sphinx. — La statue de Memnon. — Tradition fabuleuse sur le Phénix......... 24
Grandeur de Sésostris ou Ramsès le Grand. 26
Ses conquêtes en Afrique et en Asie..... 27
Monuments qui rappellent ses victoires... »
Sagesse de son administration.......... »
Mort volontaire de Sésostris............ 28
Fondation d'Athènes par Cécrops....... 29

SÉTHOS.

713—670 avant J. C.

	Le peuple égyptien partagé en trois classes.	30
	Autorité souveraine de la classe des prêtres.	»
	Classe des guerriers et leurs devoirs......	»
	Classe pauvre et ignorante des laboureurs et des artisans......................	31
	Élection des rois égyptiens............	32
713.	Élévation du prêtre Séthos au trône.....	33
	Son avarice et sa cruauté..............	»
712.	Invasion formidable de Sennachérib en Égypte........................	»
	Abandon des guerriers................	34

Secours extraordinaire attribué par Séthos à la
 protection de son dieu.............. 35
Défaite complète des Assyriens......... »
Statue que Séthos fait élever à cette occasion.
 — Son inscription.................. 36

LE LABYRINTHE DE MEMPHIS.

670—616 avant J. C.

   Aversion naturelle des Égyptiens pour les
    étrangers et pour la mer............. 37
   Long interrègne après la mort de Séthos.. 38
670. L'État gouverné par douze rois......... »
   Construction du labyrinthe............ »
   Mésintelligence subite entre les douze princes
    à l'occasion d'un oracle.............. 39
   Psammétique devenu odieux à ses collègues. 40
   Secours que lui accordent des navigateurs étran-
    gers............................. 41
656. Psammétique seul roi d'Égypte......... 42
   Premières navigations des Égyptiens..... »
616. Néchao, fils et successeur de Psammétique. »
   Voyage de long cours entrepris par son
    ordre.............................. »

L'ASSYRIE.

Le premier empire assyrien.

Temps incertains. — 759 avant J. C.

NEMROD LE CHASSEUR.

Temps incertains.

Naissance et caractère de Nemrod le chasseur... 44
Fondation de Babylone sur les bords de l'Euphrate... 45
Connaissances astronomiques des Chaldéens. 46
Origine du sabéisme, ou culte des astres.. 47
Nemrod divinisé sous le nom de Baal.... 48
Famille d'Assur... 49
Fondation de Ninive et du royaume d'Assyrie... »
Babylone conquise par Bélus, roi des Assyriens... »

NINUS, ROI D'ASSYRIE.

Vers le 20e siècle avant J. C.

Grandeur et conquêtes de Ninus... 50
Son aliance avec les Arabes ou Ismaélites. 51
Monuments somptueux de Ninive... »
Siége de la ville de Bactres... 52
Beauté célèbre de Sémiramis... »
Tradition fabuleuse sur son origine... »
Son ingratitude envers Ninus... 54

Meurtre de ce prince.................. 54
Remords cuisants de Sémiramis......... 55
Réponse d'un oracle à ses prières........ »

SÉMIRAMIS.

Vers le 19e siècle avant J. C.

Magnificence et description des principaux monuments de Babylone............. 56
Observatoire des prêtres chaldéens...... »
Temple de Bélus...................... »
Construction des jardins suspendus..... 57
Pont sur l'Euphrate.................... 58
Courage et infatigable activité de Sémiramis. »
Complot formé contre sa vie, au nom de son fils Ninias........................ 59
Douleur et mort de Sémiramis.......... 60
Inscription mémorable gravée sur son tombeau............................... »
Vaste étendue de l'empire des Assyriens.. 61

LA MORT DE SARDANAPALE.

759 avant J. C.

Indolence et oisiveté des successeurs de Sémiramis............................ 63
Faste et honteuses occupations de Sardanapale.............................. 64
Origine et usage de la couleur pourpre... »
Indignation d'Arbace à la vue du costume ridicule du roi d'Assyrie.............. 66
Oracle qui prédit à Sardanapale la chute de son empire......................... 67

ET CHRONOLOGIQUE. 309

759. Conjuration d'Arbace et de Bélésis. 67
Ninive assiégée par les conjurés. — Leur découragement. — Stratagème de Bélésis. »
Mort de Sardanapale..................... 69
Statue qui lui est élevée par dérision après sa mort................................... »
Fin et partage du premier empire des Assyriens.................................. 70

Les Mèdes et le deuxième empire assyrien.

759—606 avant J. C.

L'EMPIRE DES MÈDES.

759—690 avant J. C.

Mœurs farouches des peuples de Médie... 72
Caractère et sagesse de Déjocès.......... 73
735. Son ambition satisfaite par le titre de roi. 75
Fondation d'Ecbatane.................... »
Vigilance infatigable de son gouvernement. »
690. Son fils Phraorte lui succède............ 76

L'INVASION DES SCYTHES.

690—606 avant J. C.

Guerre de Phraorte contre Nabuchodonosor, premier roi de Ninive et de Babylone.. 77
655. Sa défaite et sa mort dans les plaines de Ragau..................................... 78
Mollesse de Nabuchodonosor et des Assyriens après leur victoire..................... »
635. Cyaxare 1er, fils de Phraorte, marche contre Ninive................................. 79

310   RÉSUMÉ ANALYTIQUE

      Invasion inattendue des Scythes......... 79
      Mœurs farouches et ravages de ces peuples barbares........................ »
      Défaite et fuite de Cyaxare............. 80
607. Les Scythes égorgés dans tout l'empire au milieu d'un repas public............... 81
      Cyaxare Ier remonte sur le trône........ 83
      Son alliance avec Nabopolassar......... »
606. Destruction de Ninive................. »

L'empire babylonien.

606—529 avant J. C.

LE SONGE DE NABUCHODONOSOR.

606—562 avant J. C.

      Grandeur de Nabuchodonosor.......... 84
587. Ruine de Jérusalem et de son temple..... »
      Les Israélites emmenés en esclavage...... »
      Conquêtes de Nabuchodonosor en Asie... 85
572. Siége et prise de Tyr en Phénicie....... »
      Habileté des Phéniciens pour la navigation et le commerce.................. »
      Orgueil intolérable de Nabuchodonosor. — Il oublie ses devoirs envers Dieu...... 86
      Songe du roi de Babylone expliqué par Daniel............................ 87
      Nabuchodonosor réduit à la condition des bêtes pendant sept années................ 90
562. Son rétablissement. — Sa mort......... 91

LE ROYAUME DE LYDIE.

738—548 avant J. C.

L'ANNEAU DE GYGÈS.

738 avant J. C.

Principaux États de l'Asie Mineure...... 93
Situation géographique et limites du royaume de Lydie........................ »
Traditions populaires sur Candaule...... »
Beauté incomparable de la reine de Lydie. 94
Usage des femmes asiatiques de voiler leur visage............................ »
Imprudence de Candaule............... 95
Sa mort.—Gygès devient roi de Lydie.... 97

CRÉSUS ET SOLON.

560 avant J. C.

Richesse et vanité de Crésus............ 98
Voyage de Solon à Sardes, capitale du royaume de Lydie......................... 99
Sa première entrevue avec Crésus....... »
Insupportable vanité de ce prince....... 100
Histoire de l'Athénien Tellus........... 101
Étonnement de Crésus................. »
Cléobis et Biton, modèles de piété filiale. »
Paroles sentencieuses de Solon à Crésus sur l'instabilité des choses humaines...... 103

ÉSOPE EN LYDIE.

Ésope député des Samiens auprès de Crésus 104
Difformité de cet ambassadeur.......... »
Fable de *l'Homme et la Cigale*.......... 105
Satisfaction de Crésus.................. 106
Fable de *les Loups et les Brebis*........ »
Crésus pardonne aux Samiens en considération d'Ésope........................ 107
Ésope fixé à la cour de Crésus.......... »
Fables célèbres attribuées à cet auteur... 108

LES ROIS DE PERSE.

599—323 avant J. C.

LA JEUNESSE DE CYRUS.

599—560 avant J. C.

	Pauvreté du royaume des Perses........ 109
	Éducation publique des enfants chez cette nation............................ »
	Leur patience et leur frugalité........ 110
599.	Naissance de Cyrus.................. »
	Ses heureuses dispositions............ 111
	Son voyage auprès de son aïeul Astyage, roi des Mèdes........................ »
	Belle leçon de sobriété donnée par Cyrus à son grand-père........................ 113

LA BATAILLE DE THYMBRÉE.

560—548 avant J. C.

560.	Cyrus, roi des Perses...............	117
	Ses qualités éminentes..............	»
	Son alliance avec Cyaxare II contre Babylone.................................	»
	Crésus se déclare pour les Babyloniens..	118
548.	Bataille de Thymbrée...............	»
	Danger de Cyrus. — Sa victoire.......	119
	Crésus assiégé dans son palais........	120
	Conduite de Cyrus envers les Sardiens...	»
	Usage cruel du droit de la guerre......	»
	Crésus sauvé par une exclamation de son fils, muet de naissance................	121
	Le roi de Lydie condamné à périr sur un bûcher................................	123
	Heureux souvenir des paroles de Solon..	»
	Crésus rétabli sur le trône............	124

LE FESTIN DE BALTHAZAR.

546—529 avant J. C.

	Mœurs efféminées de Balthazar.......	126
538.	Les vases sacrés profanés dans un festin.	127
	Paroles mystérieuses écrites sur la muraille du palais............................	»
	Vaines interprétations des mages......	»
	Daniel explique l'inscription..........	128
	Prise et destruction de Babylone......	129
	Mort de Balthazar...................	130
	Fin de l'empire babylonien...........	»
	Commencement du royaume des Perses..	131

536. Fin de la captivité de Babylone, et rétablissement du temple de Jérusalem........ 131
530. Expédition de Cyrus contre les Scythes, et mort de ce conquérant............... 132

CAMBYSE EN ÉGYPTE.

529—521 avant J. C.

529. Avénement de Cambyse....... 133
Ses goûts efféminés et fastueux......... »
Amasis, roi d'Égypte, lui refuse sa fille en mariage........................ 134
525. Passage de l'armée perse à travers le désert........................ 135
Mort d'Amasis. — Son fils Psamménite lui succède..... 136
Stratagème de Cambyse et défaite des Égyptiens aux portes de Péluse........... »
Meurtre d'un héraut perse par les habitants de Memphis........ 137
Vengeance barbare de Cambyse........ »
Psamménite empoisonné............... 138
Violation du tombeau d'Amasis........ »
Meurtre du bœuf Apis............... 139
523. Expédition désastreuse de l'armée perse contre les Ammoniens.......... 140
Effets trompeurs du mirage........... 142
Message du roi d'Éthiopie à Cambyse... 144
Marche de Cambyse contre les Éthiopiens. »
Honteuse issue de cette guerre........ 145
Meurtre du jeune Smerdis par Prexaspe.. »
521. Mort inattendue de Cambyse.......... 146

SMERDIS LE MAGE.

521 avant J. C.

Fraude de Patisithès, chef des mages, pour élever son frère au trône............ 147
Avénement du faux Smerdis............ 148
Phédime, fille d'Otanès, découvre l'imposture............................ 150
Conjuration d'Otanès et de ses amis contre Smerdis le Mage................... »
Révélation inattendue et mort de Prexaspe. »
Meurtre de Smerdis et de Patisithès.... 151
La Magophonie...................... 152
Embarras des conjurés pour choisir un monarque............................ »
Ruse de Darius, fils d'Hystaspe.......... »
Darius Ier, proclamé roi de Perse...... 154

DARIUS EN SCYTHIE.

521—485 avant J. C.

515. Révolte des Babyloniens contre le roi de Perse........................... 155
Dévouement de Zopire envers Darius Ier. 156
508. Expédition de ce prince contre les Scythes. 158
Mœurs et simplicité de ces peuples nomades. »
Pont jeté sur le Danube et confié à la garde de l'Athénien Miltiade.............. 159
Détresse de l'armée perse............. 162
Reconnaissance de Darius envers un chameau........................... 163
Les Scythes envoient un message à Darius. »

Retraite désastreuse de Darius......... 164
Darius Ier paraît être le même que l'Assuérus des livres saints.................... 165

LA REINE AMESTRIS.

485—472 avant J. C.

485. Xerxès Ier, fils de Darius, lui succède . 167
Caractère violent et orgueilleux du nouveau roi................................... »
Jalousie excessive d'Amestris envers sa belle-sœur................................ 168
Imprudence de Xerxès................. »
Tunique brodée par Amestris, cédée par ce prince à sa nièce Arsainte........... 169
Meurtre odieux de Mariste et de sa femme. 171
Xerxès assassiné par Artaban.......... 173
472. Artaxerce Ier, surnommé Longue Main, son troisième fils, est élevé au trône...... 175

ARTAXERCE LONGUE MAIN.

472—425 avant J. C.

Cause du surnom donné à Artaxerce Ier. 175
Thémistocle à la cour de Suze......... 176
Principales divinités adorées chez les Perses. — Oromaze et Arimane............... 177
Munificence d'Artaxerce envers Thémistocle............................... 178

LA FAMILLE D'ARTAXERCE MNÉMON.

425—401 avant J. C.

425.	Règnes successifs de Xerxès II, Sogdien et Darius Nothus, fils d'Artaxerce Longue Main	181
405.	Avénement d'Artaxerce, surnommé Mnémon, au trône de Perse	»
	Motif du surnom donné à ce prince	»
	Caractère passionné et ambitieux du jeune Cyrus	182
	Cérémonie du couronnement des rois de Perse à Pasagardes	»
	Conjuration de Cyrus contre la vie de son frère	183
	Découverte inattendue du complot	184
	Le jeune prince, exilé à Sardes, reçoit la visite du Spartiate Lysandre	185
	Propos insidieux de cet étranger	186
401.	Cyrus assemble une armée	187
	Engagement de treize mille Grecs au service de ce prince	»

LA RETRAITE DES DIX MILLE.

401 avant J. C.

	Marches pénibles du jeune Cyrus à travers l'Asie Mineure	189
401.	Bataille de Cunaxa	190
	Combat des deux frères	»
	Cyrus tué de la main d'Artaxerce	»
	Commencement de la retraite des Dix mille	192
	Cléarque, leur général, égorgé par trahison	»

L'historien Xénophon lui succède...... 193
Supériorité de la tactique des Grecs sur celle des Perses........................ 194

LA VENGEANCE DE PARYSATIS.

400—397 avant J. C.

Vengeance terrible de Parysatis sur les meurtriers de son fils bien-aimé.......... 195
Mort affreuse de Mesabate............. 197
Audacieux empoisonnement de la reine Statira............................. 198
Indignation d'Artaxerce. — Exil de Parysatis............................. 199
Supplice des empoisonneurs chez les Perses. »

LES FILS D'ARTAXERCE.

397—336 avant J. C.

Nombreuse postérité du vieux roi....... 201
Sa préférence pour Darius, son fils aîné.. »
Conjuration des fils du roi contre sa vie. »
Leur juste châtiment................ 202
362. Mort d'Artaxerce Mnémon........... »
Son fils Ochus lui succède par le massacre de tous les princes de sa famille......... 203
Supplice de sa propre sœur Ocha........ »
Inimitié naturelle des princes d'Orient envers leurs plus proches parents........... 204
Soulèvement de l'Égypte contre la domination des Perses....................... 205

ET CHRONOLOGIQUE.   319

344. Expédition d'Ochus et défaite de Nectanébo, roi des Égyptiens.................. 206
    Sa barbarie envers les vaincus......... »
    Meurtre sacrilége du bœuf Apis........ »
338. Vengeance de Bagoas sur la personne d'Ochus........................... 207
336. Darius Codoman, fils de Sisygambis, est élevé au trône........................ 208

LA CHUTE DE DARIUS.

336—323 avant J. C.

    Qualités éminentes de Darius III....... 209
    Conjuration de Bagoas contre sa vie..... 210
334. Invasion d'Alexandre, roi de Macédoine, en Asie........................... »
333. Revers et disgrâces successives de Darius. 211
330. Sa mort de la main de Bessus......... »
    Ruine totale de la monarchie persane... 212
323. Mort prématurée d'Alexandre le Grand.. »
    Causes incontestables de la grandeur et de la décadence des anciens empires........ »

LES ÉTATS D'ALEXANDRE.

Les rois de Macédoine.

323—278 avant J. C.

LES SUCCESSEURS D'ALEXANDRE.

323—305 avant J. C.

Partage de l'empire d'Alexandre entre son frère Arrhidée et son fils Alexandre Aigus.. 214

Les généraux de son armée se disputent les provinces 215
321. Mort de Perdiccas...................... 216
316. Arrhidée et sa femme Eurydice sont mis à mort par ordre d'Olympias, mère du conquérant........................... 217
Cassandre, fils d'Antipater, fait périr cette princesse .... »
311. Double meurtre de Roxane et d'Alexandre Aigus............................ 218
L'Asie dévastée par les horreurs d'une guerre civile............................... 219

LE COLOSSE DE RHODES.

305—301 avant J. C.

Grandeur d'Antigone et de Démétrius Poliorcètes, son fils.... 220
305. Les Rhodiens révoltés contre les successeurs d'Alexandre 221
304. Siége de Rhodes par Démétrius........ »
Ptolémée sauve cette île par le secours d'une flotte égyptienne.................... »
Surnom qui lui est donné à cette occasion par la reconnaissance des Rhodiens....... »
Présent de Démétrius à ce peuple avant de quitter leur île..................... 222
Construction du colosse de Rhodes..... »
Tremblement de terre et chute du colosse. 223
Union des généraux d'Alexandre contre Antigone et Démétrius.................. 224
301. Bataille d'Ipsus...................... »
Mort d'Antigone et fuite de Démétrius Poliorcètes............................. »
Partage définitif de l'empire d'Alexandre. 225

ET CHRONOLOGIQUE.   321

Fondation des royaumes d'Égypte, de Syrie, de Thrace et de Macédoine, par Ptolémée, Séleucus, Lysimaque et Cassandre.... 225
Origine des maisons royales des Lagides et des Séleucides...................... »

DÉMÉTRIUS ET LES ATHÉNIENS.

301—278 avant J. C.

Démétrius, dans sa prospérité, protége la ville d'Athènes............................ 227
Ingratitude des Athéniens envers la famille de ce prince après sa défaite............ »
Retour de Démétrius à la fortune....... 228
296. Sa marche sur Athènes............... 229
295. Soumission des Athéniens............ 230
Généreux pardon qu'il leur accorde..... »
286. Démétrius tombe au pouvoir de son gendre Séleucus.......................... 231
283. Il meurt en captivité................ 232
278. Antigone Gonatas, son fils, parvient au trône de Macédoine...................... »

Les Lagides en Égypte.

301—30 avant J. C.

LA BIBLIOTHEQUE D'ALEXANDRE.

Depuis l'an 301 avant J. C.

Prospérité de l'Égypte sous le règne de Ptolémée Soter...................... 233

Fondation de la bibliothèque d'Alexandrie 233
Sorte de livres qui la composaient...... 234
Destinée de cette précieuse bibliothèque. 235
Construction magnifique de la tour de Pharos................................. 237
L'architecte Sostrate substitue son nom à celui du roi............................ »
Grandeur de la race des Lagides en Égypte. »
Surnoms divers des princes de cette maison. 238
Célèbre version des Septante.......... »
Cléopâtre, reine d'Égypte, est la dernière des Lagides......................... 239

Les Séleucides en Asie.

301—64 avant J. C.

LE ROYAUME DES SÉLEUCIDES.

301—278 avant J. C.

   Antioche, capitale de la Syrie, fondée par Séleucus 240
281. Bataille de Cyropédion, gagnée par Séleucus sur Lysimaque................... 241
   Mort de ce dernier................... »
   Surnom donné à Séleucus à cette occassion. »
   Vaste étendue du royaume de Syrie..... »
280. Séleucus poignardé par Ptolémée Céraunus 242
279. Invasion des Gaulois, sous la conduite de Belgius, en Grèce et en Macédoine.... »
   Défaite et mort de Ptolémée Céraunus.. 243
278. Le temple de Delphes sauvé du pillage des Gaulois conduits par Brennus........ »

Les Gaulois passent en Asie, où ils donnent leur nom à la Galatie.............. 244
Fondation de l'empire des Parthes...... 245
264. Décadence et fin du royaume des Séleucides........................... »

La Macédoine et les républiques grecques de la Décadence.

278—146 avant J. C.

ARATUS ET LES ACHÉENS.

280—240 avant J. C.

Situation de la Grèce au IIIᵉ siècle avant notre ère................................ 246
Désunion de ses différentes républiques.. 247
Division géographique de la Grèce. — La Macédoine, l'Epire, l'Attique et l'Ætolie. — Principaux Etats du Péloponèse : Achaïe, Messénie, Argolide et Laconie....... »
280. Formation de la ligue achéenne........ 249
Clinias affranchit Sicyone de la tyrannie. 250
264. Les tyrans rétablis par Nicoclès......... »
Mort de Clinias..................... »
Aratus enfant est sauvé par la sœur de Nicoclès............................. 251
251. Son retour à Sicyone................. 252
Il appelle ses concitoyens à la liberté et abolit la tyrannie....................... »
Sicyone est admise à faire partie de la ligue achéenne........................... »
245. Aratus élu stratége de cette ligue....... 253

243.	Il s'empare de l'Acro-Corinthus........	254
	Désintéressement et patriotisme d'Aratus.	256
240.	Mort subite d'Antigone de Goni, roi de Macédoine........................	257
	Première ambassade des Romains en Grèce.	258

LES ROIS DE SPARTE.

243—236 avant J. C.

	Rois simultanés de Sparte choisis dans la famille des Héraclides, ou descendants d'Hercule............................	260
	Mœurs et caractères différents de Léonidas et d'Agis...........................	»
	Rivalité des deux rois...............	261
	Les citoyens de Sparte enrichis par la ruse et la violence.......................	262
	Pauvreté excessive des habitants de la Laconie.............................	»
	Desseins généreux d'Agis pour faire cesser la misère du peuple...................	»
243.	Agis propose le partage des terres......	263
	Léonidas s'y oppose et est détrôné par son gendre Cléombrote..................	»
	Piété filiale de Chélonide.............	265
	Nouvelle révolution à Sparte...........	266
241.	Rétablissement de Léonidas et chute de Cléombrote...........................	»
	Dévouement conjugal de Chélonide.....	»
	Agis, forcé de se réfugier dans un temple, est trahi par Ampharès, et mis à mort avec sa mère et son aïeule..................	269
	Puissance absolue des éphores à Sparthe.	270
236.	Mort de Léonidas....................	271

CLÉOMÈNE.

236—221 avant J. C.

236. Cléomène succède à Léonidas, son père. 273
Il poursuit les desseins généreux d'Agis pour l'affranchissement du peuple de Sparte. »
225. Renversement et mort des éphores, meurtriers d'Agis.................... 274
Partage des terres de la Laconie en quatre mille parts. 275
Noble désintéressement et grandeur d'âme de Cléomène................. 276
Rivalité de Sparte et de la ligue achéenne, suscitée par Aratus............... »
225. Défaite des Achéens au mont Lycée..... 277
223. Aratus appelle les Macédoniens dans le Péloponèse..................... 278
Caractère perfide et rusé d'Antigone Doson..................... »
Son alliance avec la ligue achéenne...... 279
221. Bataille de Sellasie................. »
Joie immodérée d'Antigone Doson après cette victoire..................... 280
Cléomène contraint de chercher un refuge en Égypte..................... »
La Grèce soumise aux Macédoniens par l'aveuglement d'Aratus................. »

LES AETOLIENS.

221—205 avant J. C.

Prospérité croissante de la ligue achéenne dans le Péloponèse............... 282

	Formation de la ligue ætolienne dans la Grèce proprement dite.................. 282
220.	Mort d'Antigone Doson................ 283
	Philippe III, son parent, lui succède en Macédoine.............................. »
	Guerre des deux ligues.............. »
	Bataille de Caphyes................. 284
	Aratus, complétement défait par Scopas, implore le secours de Philippe......... »
219.	Meurtre de Cléomène en Égypte........ 285
213.	Aratus lâchement empoisonné par ordre de Philippe........................... 286
211.	La ligue ætolienne implore le secours des Romains contre le roi de Macédoine..... »
205.	Philippe, vaincu par les Romains, est forcé de souscrire une paix humiliante........ 287

LE DERNIER DES GRECS.

205—183 avant J. C.

	Valeur et simplicité de Philopœmen.... 289
	Abominable cruauté de Nabis, tyran de Sparte........................... 291
192.	Philopœmen, stratége de la ligue achéenne, délivre les Spartiates de la tyrannie... 292
	Mort de Nabis....................... »
188.	Les Achéens se rendent maîtres de Sparte, dont ils renversent les murailles...... 293
	Influence croissante des Romains sur les affaires de la Grèce.................... 294
183.	La ville de Messène se sépare de la ligue achéenne.......................... »
	Philopœmen tombe vivant au pouvoir des Messéniens....................... 295
	Son glorieux patriotisme et sa mort..... »

Deuil public à cette occasion. — Ses cendres portées avec pompe à Mégalopolis, sa patrie.......................... 296

LES JEUX ISTHMIQUES.

196—146 avant J. C.

Célébration des jeux isthmiques auprès de Corinthe............................ 297
Exercices usités dans ces sortes de solennités. — Prix accordés aux vainqueurs...... »
Force du corps honoré chez les Grecs par des récompenses publiques.............. »
196. Flamininus fait proclamer par un héraut la liberté des villes grecques............ 299
192. Antiochus, roi de Syrie, appelé en Grèce par les Étoliens..................... 300
191. Sa défaite aux Thermopyles.......... »
États formés en Asie des débris du royaume des Séleucides..................... 301
168. Persée, dernier roi de Macédoine, vaincu et fait prisonnier par Paul Emile....... »
146. Sac de Corinthe..................... 302
La Grèce réduite en province romaine, sous la dénomination d'Achaïe............ »

FIN DU RÉSUMÉ ANALYTIQUE ET CHRONOLOGIQUE.

TABLE DES CHAPITRES.

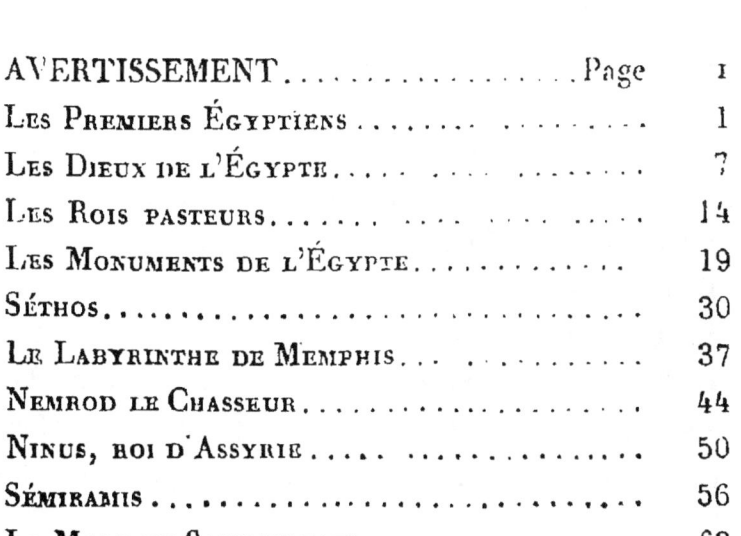

AVERTISSEMENT....................Page	I
Les Premiers Égyptiens........................	1
Les Dieux de l'Égypte........................	7
Les Rois pasteurs............................	14
Les Monuments de l'Égypte..................	19
Séthos......................................	30
Le Labyrinthe de Memphis...................	37
Nemrod le Chasseur.........................	44
Ninus, roi d'Assyrie.........................	50
Sémiramis...................................	56
La Mort de Sardanapale.....................	63

TABLE DES CHAPITRES.

L'Empire des Mèdes.....................	72
L'Invasion des Scythes...................	77
Le Songe de Nabuchodonosor....	84
L'Anneau de Gygès.....................	93
Crésus et Solon........................	98
Ésope en Lydie........................	104
La Jeunesse de Cyrus...................	109
La Bataille de Thymbrée................	117
Le Festin de Balthazar..................	126
Cambyse en Égypte.....................	133
Smerdis le Mage.......................	147
Darius en Scythie......................	155
La Reine Amestris.....................	167
Artaxerce Longue Main.................	175
La Famille d'Artaxerce Mnémon	181
La Retraite des Dix mille...............	189
La Vengeance de Parysatis	195
Les Fils d'Artaxerce	201
La Chute de Darius....................	209
Les Successeurs d'Alexandre.............	214
Le Colosse de Rhodes...................	220
Démétrius et les Achéens................	227
La Bibliothèque d'Alexandrie............	233
Le Royaume des Séleucides	240
Aratus et les Achéens...................	247
Les Rois de Sparte.....................	260
Cléomène	273

TABLE DES CHAPITRES.

Les Ætoliens................................	282
Le Dernier des Grecs.....................	289
Les Jeux isthmiques.......................	297
Résumé analytique et chronologique des matières................................	303

FIN DE LA TABLE DES CHAPITRES.

10711. — IMPRIMERIE GÉNÉRALE DE CH. LAHURE
Rue de Fleurus, 9, à Paris

L'Histoire Grecque
L'Histoire Romaine
L'Histoire Romaine
L'Histoire du Moyen
L'Histoire Moderne
L'Histoire de France
jusqu'à l'avènement
L'Histoire de France
jusqu'à nos jours.
L'Histoire des

www.ingramcontent.com/pod-product-compliance
Lightning Source LLC
Chambersburg PA
CBHW072005150426
43194CB00008B/1002